JUNIOR CERTIFI

LESS STRESS MORE SUCCESS

Irish Revision
Ordinary Level

Éamonn Maguire

g GILL EDUCATION

Gill Education

Ascaill Hume

An Pháirc Thiar

Baile Átha Cliath 12

agus cuideachtaí comhlachta ar fud an domhain

www.gilleducation.ie

© Éamonn Maguire 2011

978 0717 1 4691 8

Pictiúir le Derry Dillon

Cló churadóireacht bhunaidh arna déanamh in Éirinn ag Liz White Designs

Cló churadóireacht le Carole Lynch

Gach ceart ar cosaint. Ní ceadmhach aon chuid den fhoilseachán seo a atáirgeadh, a chóipeáil ná a tharchur i gcruth ar bith ná ar dhóigh ar bith gan cead scríofa a fháil ó na foilsitheoirí ach amháin de réir coinníollacha ceadúnas ar bith a cheadaíonn cóipeáil theoranta arna eisiúint ag Gníomhaireacht Cheadúnaithe Cóipchirt na hÉireann.

Níor cheart aon naisc le láithreáin Ghréasáin sheachtracha a fhorléiriú mar aontú Gill Education le hábhar nó le dearcadh an ábhair nasctha

Focal ón Scríbhneoir

Déanann an leabhar beag seo freastal ar gach gné den chúrsa Gaeilge don Teastas Sóisearach, Gnáthleibhéal. Tá súil agam go gcabhróidh sé le daltaí sult agus taitneamh a bhaint as cleachtadh agus labhairt na Gaeilge. Baineann an leabhar seo úsáid as Gaeilge agus Béarla.

Ba mhaith liom mo bhuíochas ó chroí a ghabháil leo siúd a chuidigh liom agus mé ag ullmhú agus ag scríobh an leabhair seo, go mór mór m'iníon Alison a chabhraigh liom ord agus eagar a chur ar an leabhar. Tiomnaím an leabhar seo dóibh siúd agus do mo chlann féin: Siobhán, Éamonn Óg, Susan, Alison, Paul, Ruby agus do mo gharchlann, Conor, Lúc, Bláithín, Órla, Ciara (nach maireann) agus Tiernan (nach maireann).

Éamonn Maguire

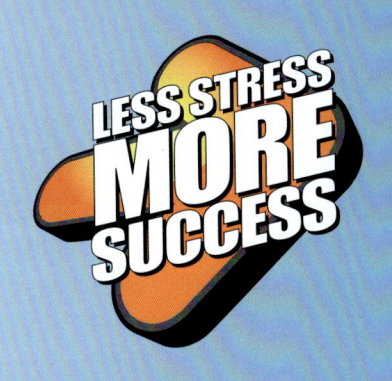

AN CLÁR

- **Réamhrá** 1
  - Worked examples 1
  - Junior Certificate Irish – Summary of changes 1
  - Format of the examination 2
- **Aonad 1 — Cluastuiscint** 4
  - Format of the Cluastuiscint 4
  - Question words 5
  - Common words and expressions 8
  - Five tips for An Scrúdú Cluastuisceana 9
  - Foclóir don chluastuiscint 10
  - Worked example 15
  - Obair duit féin: Sampla 1–3 18
- **Aonad 2 — Léamhthuiscint Ceist 1–2** 34
  - Léamthuiscint Ceist 1 – Meaitseáil 34
  - Ceist 1: Worked example 37
  - Obair duit féin: Sampla 1–6 38
  - Léamhthuiscint Ceist 2 – Fógraí 44
  - Ceist 2: Worked examples 45
  - Obair duit féin: Sampla 1–8 48
- **Aonad 3 — Léamhthuiscint Ceist 3: Na Sleachta** 56
  - Format of Ceist 3 56
  - Ceist 3: Worked examples 57
  - Obair duit féin: Sampla 1–10 59
- **Aonad 4 — Ceapadóireacht – Ceisteanna 4–6** 69
  - Preparation 69
  - Nathanna úsáideacha: Your treasure chest 69
  - Ceist 4: Cárta poist 72
  - Ceist 4: Worked examples 73
  - Obair duit féin: Sampla 1–10 77

Ceist 5: Teachtaireacht Ríomhphoist/Blag 87
Ceist 5: Worked examples 88
Obair duit féin: Sampla 1–4 91
Ceist 6(a): An Litir 95
Ceist 6(a): Worked examples 98
Obair duit féin: Sampla 1–6 101
Ceist 6(b): Alt/Cuntas 107
Ceist 6(b): Worked examples 111
Obair duit féin: Sampla 1–8 114

Aonad 5 — An Bhéaltriail Roghnach (Optional) 122
Réamhrá 122
Format for the Irish Oral 122
Dáileadh na marcanna: Distribution of marks 125
Cuid 1: Fáiltiú 129
Cuid 2: Sraith pictiúr 130
Cuid 2: Worked examples 131
Obair duit féin: Sraith pictiúr 1–3 134
Cuid 3: Rólghlacadh 137
Cuid 3: Worked examples and Obair duit féin 139
Cuid 4: Agallamh 151
Ceisteanna coitianta: Common questions 151
Cuid 4: Ceisteanna agus freagraí samplacha 154

Aonad 6 — Freagraí 159
Aonad 1 – Cluastuiscint 159
Aonad 2 – Léamhthuiscint Ceist 1 agus 2 160
Aonad 3 – Léamhthuiscint Ceist 3: Na Sleachta 162

Aonad 7 — Na Briathra 165
Réimniú na mbriathra 165
Na briathra neamhrialta 168

Réamhrá

Worked examples

Worked examples are provided for many of the examination questions in this book. Students should note that there can often be **one, two** or **more answers** to a particular question. The author has attempted to provide many possible correct answers for questions in the **worked answers**. Students are reminded, however, that they should give **only the required number of answers** when answering questions. Giving **more answers than required** is known amongst examiners as '**lucky dip**' answering and can actually cost marks.

Freagraí (Aonad 6)

There is a full **answers section** (**Aonad 6, page 159**) in which **answers are provided for most of the questions in this book**. It will be very beneficial for students if used properly.

Proper use of answers section

1. Do a particular exercise.
2. Go to the Answers Section where you will find the answer(s) (worked example).
3. Correct your own exercise, using the answer(s) (worked example), in the Answers Section.
4. You should re-do the same exercise maybe 3/4 weeks later and see how much you can improve on it.
5. You should follow the same procedure for many of the other exercises in this book.
6. You should notice a marked improvement in your standard of Irish and in your answering of questions.
7. By the way, in case you're tempted to cheat by having a little glance at the answers before answering them. Don't. You'll only be fooling yourself.

Junior Certificate Irish — Summary of changes

There have been some significant changes to the format of the **Junior Cert, Ordinary Level** examination. The new look **Junior Cert Irish** examination was examined for the first time in the 2010 examinations.

A brief summary of the changes

(a) There are still **400 marks** in total to be attained in the Junior Cert exam, which includes the **Optional Oral Exam**.
(b) **The Oral Irish Test** is a **school-based** examination and there are **160 marks** allotted to it. This is an **increase** from **80 marks** previously and is very significantly the equivalent of **40% of the total exam marks**.
(c) The total number of marks for the **Listening Test** and the **Written Paper** combined has **decreased** from **320 marks** to **240 marks**.
(d) **The Optional Oral Test** may be conducted anytime between late February and late April, each year, although this may vary slightly from year to year.
(e) The total number of marks for the **Listening Test** has **decreased** from **100 marks** to **40 marks**.
(f) The total number of marks for the **Written Paper** has **increased** from **220 marks** to **240 marks**.

Time management

Roinn I

Cluastuiscint — will last for **12 minutes**.

I would recommend the following for **Roinn II** and **Roinn III**.

Roinn II

Ceist 1:	13 mins
Ceist 2:	18 mins
Ceist 3:	18 mins

Roinn III

Ceist 4:	17 mins
Ceist 5:	17 mins
Ceist 6:	25 mins

exam focus
Whatever time is saved on the time management plan should be used for checking your answers at the end.

Format of the examination

Roinn I Cluastuiscint (40 marks)

Cuid A — An Chéad Chainteoir
　　　　　An Dara Cainteoir
Cuid B — Fógra
　　　　　Píosa Nuachta
Cuid C — Comhrá a hAon
　　　　　Comhrá a Dó

Note: Each segment of speech will be heard **twice**.

Roinn II Léamhthuiscint (120 marks)

Ceist 1: Meaitseáil (matching) (**30 marks**)
Ceist 2: Trí Fhógra — Any **two** from (a), (b) and (c) (**30 marks**)
Note: The poem (véarsaí) question has been discontinued and (c) is now a 'fógra'.
Ceist 3: Two sliocht (as previously) — Do (a) and (b) (**60 marks**)

Roinn III Ceapadóireacht (80 marks)

Ceist 4: Cártaí Poist (**20 marks**)
Ceist 5: Teachtaireacht Ríomhphoist (email message)/Blag (**20 marks**)

- Candidates are asked to send an email message based on a number of pictures and vocabulary for a storyline.
- One task must be completed here from now on, but any one of the following tasks may appear in any given exam paper:
  – Send an invitation
  – Write a reply to an invitation
  – Write/reply to an email message
  – Write/reply to a blog.

Ceist 6: Litir nó Alt/Cuntas (a letter or a short essay/account) (**40 marks**)
(a) The **litir is based on a picture** with **some vocabulary provided** and **four points that must** be mentioned.
(b) The short **essay/account** is based on a **number of pictures** that contain **a storyline**. Candidates are expected to write **15 lines** or thereabouts on this question.

Siombail

This book uses a number of symbols – **Siombail** – to help students to make full use of it.

- The siombail '**Gluais**' stands for **vocabulary**.

Gluais

Irish: *English*

- **Obair duit féin** stands for 'Work for yourself' to do.

- Important information for the exam is contained in **exam focus** boxes.

- Learn this important information off!

1 Cluastuiscint

aims • To recognise and understand enough vocabulary and question words to enable you to answer questions on what you hear in the exam.

Format of the Cluastuiscint

As we have already seen, the format for the cluastuiscint is as follows:

Cuid A

Two announcements (giotaí cainte) from two different pupils, usually of a personal nature.

Cuid B

One **announcement** and one **news item**.

Cuid C

Two conversations.

exam focus: The **cluastuiscint** (aural) examination lasts for approximately **12 minutes** and is worth **40 marks**.

What do you need to do?

- **Answer** the **14 questions** in Cuid A, Cuid B and Cuid C.
- Give **complete answers**.

How do you do it?

- Know your **Question Words** (p. 5).
- **Practise** answering questions.
- Be able to write/answer quickly.
- Study the Vocabulary for the Cluastuiscint (p. 10).
- Become familiar with *Na Focail Cheisteacha* (p. 7).

Essential skills

- Be able to write the sounds of words (phonetically) that you hear.
- Know the vocabulary of the Questions.

Do not do this

- **Do not leave any questions unanswered**, as blank spaces don't get marks.
- Do not answer questions in English. Be sure to always **write an Irish** version of a word even if it sounds English.
- Do not scribble your answers, as the examiners cannot give marks for what they can't read. If you have really bad hand writing, print your answers.

CLUASTUISCINT

How to prepare

1. Learn your **vocabulary**.
2. **Listen** to *Raidió na Gaeltachta*, *Raidió na Life*, and other Irish radio programmes.
3. **Watch** Irish television programmes, especially the *Nuacht*, and TG4.
4. **Read** Irish-language papers and magazines, such as *Gaelscéal*, *Foinse*.

exam focus
- Each item will be played *twice*.
- Do not leave any blank spaces.
- Do not answer in English.
- While accuracy in spelling is important, it is worth noting that the great majority of marks are awarded for understanding.

Vocabulary preparation

- Place names; counties and cities; other countries in Europe and elsewhere
- School subjects, facilities and activities
- Sport of all kinds
- Various pastimes (music, television, films, reading, etc.)
- Family members: brother, sister, ages, youngest, eldest
- Jobs, career
- Accidents, robberies, mishaps, fires
- The weather
- Various meals and types of food

Canúintí (Dialects)

Connacht, Ulster and Munster dialects are used in the aural exam.

Question words

Rian 1

key point
Also note *Na focail cheisteacha* (p. 7)

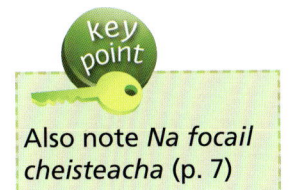

exam focus
You should become very familiar with the question words (Question words) that we include here. These Question words come up quite regularly in the Listening Test and in many other parts of the written paper.

Cén dáta?	what date?
Cén t-ainm?	what name?
Cén ollscoil?	what university?
Cén fáth?	why?
Cén áit?	where?
Cén duine?	what person?

Cén scrúdú?	what exam?
Cén fhoireann?	what team?
Cén cluiche?	what match, game?
Cén contae?	what county?
Cén chaoi?	how?
Cén fhad?	how long?
Cén bhliain?	what year?
Cén suíomh?	what setting?
Cén gnó?	what business?
Cén toradh?	what result?
Cén ócáid?	what occasion?
Cén dea-scéal?	what good news?
Cén rogha?	what choice?
Cén cháil?	what fame?
Cén táille?	what charge/cost?
Cén comórtas?	what competition?
Cén t-imreoir?	what player?
Cén post?	what job?
Cén coláiste?	what college?
Cén uair?	when/what time?
Cén sórt?	what sort/kind?
Cén tír?	what country?
Cén duais?	what prize?
Cén cineál?	what kind of?
Cé acu?	which of them?
Conas?	how?
Cé atá?	who is?
Cé a dúirt?	who said?
Cé mhéad?	how much/how many?
Cé hiad?	who were?
Cá fhad?	how long?
Cad?	what?
Céard?	what?

Na focail cheisteacha

(Vocabulary used for asking questions)

Rian 2

Exam focus: You should become very familiar with and learn by heart (if possible) the vocabulary used in examination papers for asking questions. These are used particularly with the cluastuiscint questions and with most of the questions in *Roinn II* and *Roinn III*.

Cá/cárbh?	(*where?*)
• Cá bhfuair sé é?	*Where did he get it?*
• Cá mbíonn?	*Where does?*
• Cá mbeidh?	*Where will be?*
• Cá raibh?	*Where was?*
• Cá fhad?	*How long?*
• Cárb as di?	*Where is she from?*
• Cárbh as dó?	*Where was he from?*

Cad/céard?	(*what/where?*)
• Cad a rinne sé?	*What did he do?*
• Cad a tharla?	*What happened?*
• Cad ab ainm dó?	*What was his name?*
• Cad chuige?	*Why?*
• Cad faoi?	*What about?*
• Cad a thug air é a dhéanamh?	*What made him do it?*
• Céard atá i gceist?	*What is meant?*
• Céard is brí le?	*What is meant by?*
• Cad as dó?	*Where is he from?*

Cathain?	(*when?*)
• Cathain a rugadh é?	*When was he born?*
• Cathain a bheas tú sa bhaile?	*When will you be at home?*

Cé?	(*who, which, what?*)
• Cé acu?	*Which of them?*
• Cé mhéad?	*How much? How many?*
• Cé a rinne?	*Who did?*

Ainmnigh	(*name*)
• Ainmnigh rud amháin	*Name one thing*

Common words and expressions

I have gone back over all recent Department of Education listening tests and include here the most commonly occurring **words and expressions**. You should **learn/become familiar** with them.

Gluais

cad as ...?	where do/does . . . come from?
ar fáil	available
buaiteoir(í)	winner(s)
coicís	a fortnight
ag glaoch	calling
lánaimseartha	fulltime
slí bheatha	job/work/career
ag freastal	serving/attending
á	being
á dhéanamh	being done
lucht leanúna	followers/fans
córas	system
le críochnú	to be finished
comórtas	competition
mí-ádh	bad luck
seol	to send/post/launch
inneall	engine
inar rugadh ...	where ... was born
faoi láthair	at present
teaghlach	family/household
tréimhse	a while/spell
monarcha	factory
atá i gceist	in question/being talked about
cluiche	game/match
le cloisteáil	to be heard
damáiste	damage
le déanamh	to be done
an deireadh seachtaine	the weekend
laethanta saoire	holidays
caitheamh aimsire	pastime(s)
dath	colour
ar siúl	going on
an chéad bhabhta eile	the next time it will happen

an-spéis	great interest
cineál	kind/type
dea-scéal	good news
drochscéal	bad news
luann	mentions
cárb as ...?	where was ... from?
áirithe	particular
praghas	price
crannchur	raffle/draw
anuraidh	last year
rás	a race
a thaitníonn, nach dtaitníonn	likes, dislikes
duais	prize
atá ag teastáil	wanted, needed

Five tips for An Scrúdú Cluastuisceana

Tip 1:
Always make sure that your answers are full and complete.

Not	But
Dé Máirt	Dé Máirt, ar a hocht a chlog

Tip 2:
Always write the sounds of the words that you hear. Of course you should try to get the spelling correct, but the sound of the word is important.

Tip 3:
Try not to write numbers as digits. Write them as words if you can.

Not	But
10	Deich

Tip 4:
Don't write names/words in English unless they are in English on the CD.

Not	But
England	Sasana
Elephant	Eilifint
Thursday	Déardaoin

Tip 5:
Try not to leave a blank space. You may get marks even for a word or two. Write down anything that you can recall from the piece you just heard.

Foclóir don chluastuiscint

We provide here some vocabulary that will greatly help with your preparation for the listening test, and with your performance at the listening test. You should note that much of this vocabulary will also be very suitable for your Oral Irish preparation (p. 122).

Gluais

Tréithe Pearsanta/Personal Traits

cainteach	chatty
cairdiúil	friendly
cúthail	shy
láidir	strong
lag	weak
samhlaíoch	imaginative
macánta	honest
séimh	gentle
lách	pleasant
leithleach	selfish
neamhspleách	independent
béasach	polite
drochbhéasach	rude, bad-mannered
greannmhar	funny
amaideach	silly, daft
flaithiúil	generous

An Aimsir/The Weather

breá brothallach	fine and warm
te grianmhar	hot and sunny
fuar fliuch	cold and wet
sioc	frost
sneachta	snow
ceo	fog
brádán	drizzle
stoirmeach gaofar	stormy and windy
tréimhsí gréine	sunny spells
tintreach agus toirneach	thunder and lightning
tais	humid
scamallach	cloudy
gaoth láidir	a strong wind

Laethanta na Seachtaine/*The Days*

an Luan	*Monday*	Dé Luain	*on Monday*
an Mháirt	*Tuesday*	Dé Máirt	*on Tuesday*
an Chéadaoin	*Wednesday*	Dé Céadaoin	*on Wednesday*
an Déardaoin	*Thursday*	Déardaoin	*on Thursday*
an Aoine	*Friday*	De hAoine	*on Friday*
an Satharn	*Saturday*	Dé Sathairn	*on Saturday*
an Domhnach	*Sunday*	Dé Domhnaigh	*on Sunday*

Na Míonna/*The Months*

Eanáir/mí Eanáir	*January*
Feabhra/mí Feabhra	*February*
Márta/mí an Mhárta	*March*
Aibreán/mí Aibreáin	*April*
Bealtaine/mí na Bealtaine	*May*
Meitheamh/mí an Mheithimh	*June*
Iúil/mí Iúil	*July*
Lúnasa/mí Lúnasa	*August*
Meán Fómhair/mí Mheán Fómhair	*September*
Deireadh Fómhair/mí Dheireadh Fómhair	*October*
Samhain/mí na Samhna	*November*
Nollaig/mí na Nollag	*December*

An tAm/*The Time*

nóiméad	*a minute*
soicind	*a second*
uair an chloig	*an hour*
lá	*day*
seachtain	*a week*
coicís	*a fortnight*
mí	*a month*
bliain	*a year*
inné	*yesterday*
maidin inné	*yesterday morning*
arú inné	*the day before yesterday*
inniu	*today*
maidin inniu	*this morning*
tráthnóna inniu	*this evening*
amárach	*tomorrow*

maidin amárach	tomorrow morning
tráthnóna amárach	tomorrow afternoon/evening
arú amárach	the day after tomorrow
anuraidh/an bhliain seo caite	last year
an tseachtain seo caite	last week
bliain ó shin	a year ago
seachtain ó shin	a week ago
fadó	long ago
an tseachtain/an bhliain seo chugainn	next week/year
lá arna mhárach	the following day

Spórt agus Caitheamh Aimsire/Sport and Pastimes

cluichí éagsúla	various games
cispheil	basketball
leadóg	tennis
haca	hockey
snúcar	snooker
rothaíocht	cycling
camógaíocht	camogie
peil	football
iomáin/iománaíocht	hurling
sacar	soccer
ag léamh	reading
ag éisteacht le ceol	listening to music
ag seinm ceoil	playing music
snámh	swimming
peil Ghaelach	Gaelic football
Páirc an Chrócaigh	Croke Park
club peile	a football club
rugbaí	rugby

Teilifís, Raidió, Nuachtáin/Television, Radio, News

clár teilifíse	a television programme
clár raidió	a radio programme
sraith	a series
sraithscéal	a serial
cartúin	cartoons
sobalchlár	soap
clár grinn	comedy

an nuacht	*the news*
cúrsaí reatha	*current affairs*
iriseoir	*a journalist*
tuairisc	*a report*
tuairisceoir	*a reporter*
raidió áitiúil	*local radio*
cúrsaí spóirt	*sport*
popcheol	*pop music*
scannáin	*films*

Daoine Muinteartha/*Family Members*

teaghlach	*family*
clann	*children*
tuismitheoirí	*parents*
athair	*father*
máthair	*mother*
deartháir	*brother*
deirfiúr	*sister*
leasdeartháir/leasdeirfiúr	*stepbrother/sister*
seanathair	*grandfather*
seanmháthair	*grandmother*
nia	*nephew*
neacht	*niece*
uncail	*uncle*
aintín	*aunt*
col ceathrair	*first cousins*
bean chéile	*wife*
fear céile	*husband*
an duine is sine	*the oldest*
an duine is óige	*the youngest*

Poist agus Slíte Beatha/*Jobs and Careers*

dalta scoile	*pupil*
mac léinn	*student*
múinteoir	*teacher*
altra	*nurse*
dochtúir	*doctor*
aisteoir	*actor*
oibrí oifige	*office worker*
siopadóir	*shopkeeper*

freastalaí	*waiter*
feirmeoir	*farmer*
meicneoir	*mechanic*
leictreoir	*electrician*
rúnaí	*secretary*
innealtóir	*engineer*
ealaíontóir	*artist*
siúinéir	*joiner*
polaiteoir	*politician*

Ábhair Scoile/School Subjects

an Ghaeilge	*Irish*
an Béarla	*English*
an Laidin	*Latin*
an Fhraincis	*French*
an Ghearmáinis	*German*
an Spáinnis	*Spanish*
an Iodáilis	*Italian*
matamaitic	*mathematics*
stair	*history*
tíreolaíocht	*geography*
eolaíocht	*science*
ceol	*music*
eagrú gnó	*business organisation*
ealaín	*art*
eacnamaíocht bhaile	*home economics*
innealtóireacht	*engineering*
líníocht theicniúil	*technical drawing*
adhmadóireacht	*woodwork*
corpoideachas	*physical education*

Áiseanna Scoile/School Facilities

áiseanna	*facilities*
an halla tionóil	*the assembly hall*
an leabharlann	*the library*
an bhialann/an proinnteach	*the restaurant/canteen*
an seomra ceoil	*the music room*
an pháirc peile	*the football field*
an halla gleacaíochta	*the gymnasium*
an seomra ríomhairí	*the computer room*
rúnaí na scoile	*the school secretary*

Worked example

State Examinations Commission

Sample Listening Comprehension

Roinn I Cluastuiscint (40 marc)

Note: Bíodh na freagraí i nGaeilge ach amháin nuair nach gá sin.

Note: answers are in italics

Cuid A

Cloisfidh tú giota cainte ó bheirt daoine óga sa chuid seo. Éist le gach giota díobh *faoi dhó*. Éist go curamach leo agus líon isteach an t-eolas atá á lorg sna greillí ag **1** agus **2** thíos.

1. An chéad chainteoir   Rian 3

Ainm	Áine Ní Mhurchú
Cén post atá ag a máthair?	*Is múinteoir í*
Cad a dhéanann Áine ag an deireadh seachtaine?	*Bíonn sí ag obair lena hathair*
Luaigh cluiche **amháin** a thaitníonn léi.	*Cluichí peile/cluichí iomána — either but not both*

2. An dara cainteoir   Rian 4

Ainm	Seán Ó Mainnín
Cár rugadh a mháthair?	*Inis Mór*
Cén post atá ag a athair?	*Iascaire is ea é (iascaire on its own would do)*
Cén teanga a labhraíonn siad sa bhaile?	*Gaeilge*

Cuid B

Cloisfidh tú fógra agus píosa nuachta sa chuid seo. Éist le gach ceann díobh *faoi dhó*. Éist go cúramach leo. Sa scrúdú beidh sos ann tar éis gach píosa a chloisfidh tú chun seans a thabhairt duit an *dá* cheist a ghabhann le gach píosa a fhreagairt.

Fógra Rian 5

(a)    (b)    (c)    (d)

1. Cén pictiúr a théann leis an bhfógra seo?   a

2. Cé mhéad a chosnóidh sé an bád canála a dheisiú?
   (a) an iomarca airgid
   (b) seasca míle euro   b
   (c) cúpla míle euro
   (d) milliún euro

Píosa nuachta Rian 6

(a)    (b)    (c)    (d)

1. Cad a thógfar i nDroichead Átha?   b

2. Cé mhéad dalta a bheidh sa scoil?
   (a) cúig chéad
   (b) seacht gcéad
   (c) míle   c
   (d) ceithre chéad

Cuid C

Cloisfidh tú **dhá** chomhrá sa chuid seo. Éist le gach comhrá díobh *faoi dhó*. Sa scrúdú cloisfidh tú an comhrá ó thosach deireadh an chéad uair. Ansin cloisfidh tú é ina *dhá* mhír an dara huair. Beidh sos tar éis gach míre díobh chun seans a thabhairt duit an cheist a bhaineann leis an mír sin a fhreagairt.

Comhrá a hAon

An chéad mhír Rian 7

(a)  (b)  (c)  (d)

1. Cá raibh Siobhán?   c

An dara mír

2. Cé a bheidh ag teacht go hÉirinn go luath?
   (a) cara le Máire
   (b) aintín le Siobhán   c
   (c) Georgio agus a chara
   (d) deartháir Mháire

Comhrá a Dó

An chéad mhír Rian 8

(a)  (b)  (c)  (d)

1. Cad a bhuaigh aintín Dheirdre?   a

An dara mír

2. Cad a cheannaíonn Deirdre gach seachtain?

(a) leabhar
(b) ticéad
(c) éadaí
(d) irisleabhar

b

Obair duit féin: Sampla 1–3

Sampla 1 2003

Cluastuiscint (40 marc)

Note: Bíodh na freagraí as Gaeilge ach amháin nuair nach gá sin.

Cuid A

Cloisfidh tú giota cainte ó gach duine de **thriúr** daoine óga sa Chuid seo. Éist le gach giota díobh **trí huaire**. Éist go cúramach leo agus líon isteach an t-eolas atá á lorg sna greillí ag **1**, **2** agus **3** thíos.

1. An chéad chainteoir   Rian 9

Ainm	Eibhlín Seoighe
Cár rugadh í?	
A haois nuair a d'fhág sí Bostún.	
An maith léi a bheith ar scoil?	

2. An dara cainteoir   Rian 10

Ainm	Micheál Ó Cinnéide
Cá bhfuil sé ina chónaí?	
Cluiche amháin a imríonn sé.	
Cén tslí bheatha ba mhaith leis?	

CLUASTUISCINT

Cuid B

Cloisfidh tú fógra agus píosa nuachta sa chuid seo. Éist le gach ceann díobh *faoi dhó*. Éist go cúramach leo. Sa scrúdú beidh sos ann tar éis gach píosa a chloisfidh tú chun seans a thabhairt duit an *dá* cheist a ghabhann le gach píosa a fhreagairt.

Fógra   Rian 11

(a)   (b)   (c)   (d)

1. Cén pictiúr a théann leis an bhfógra seo?

2. Cathain a tógadh na grianghraif?
   (a) inné
   (b) breis agus caoga bliain ó shin
   (c) an tseachtain seo caite
   (d) sa samhradhh

Píosa nuachta   Rian 12

(a)   (b)   (c)   (d)

1. Cén damáiste a rinne an stoirm ghaoithe?

2. Cad atá le déanamh ag daoine?
   (a) gan dul amach ag tiomáint anocht
   (b) na fuinneoga a choimeád dúnta
   (c) glaoch teileafóin a chur ar na gardaí
   (d) tinte a lasadh

Cuid C

Cloisfidh tú **dhá** chomhrá sa chuid seo. Éist le gach comhrá díobh *faoi dhó*. Sa scrúdú cloisfidh tú an comhrá ó thosach deireadh an chéad uair. Ansin cloisfidh tú é ina *dhá* mhír an dara huair. Beidh sos tar éis gach míre díobh chun seans a thabhairt duit an cheist a bhaineann leis an mír sin a fhreagairt.

Comhrá a hAon

An chéad mhír　　　　　　　　　　　　　　　　　　　　　　　　　　　Rian 13

(a)　　　　　　　(b)　　　　　　　(c)　　　　　　　(d)

1. Cá raibh Sinéad?

An dara mír

2. Cathain a bhuailfidh Pádraig le Sinéad?
    (a) anocht
    (b) amárach tar éis scoile
    (c) an mhí seo chugainn
    (d) i gceann seachtaine

Comhrá a Dó

An chéad mhír　　　　　　　　　　　　　　　　　　　　　　　　　　　Rian 14

(a)　　　　　　　(b)　　　　　　　(c)　　　　　　　(d)

1. Cad atá le críochnú ag Bríd?

An dara mír

2. Cad a bheidh le déanamh ag Gráinne?

   (a) bronntanas a cheannach

   (b) fáilte a chur roimh an Uachtarán

   (c) bláthanna a chur sa halla

   (d) béile a ullmhú

(Check your answers on page 159)

Téipscript sampla 1 2003

Cuid A

Léigh anois go cúramach, ar do scrúdpháipéar, na treoracha agus na ceisteanna a ghabhann le Cuid A.

An chéad chainteoir   Rian 9

Dia daoibh! Eibhlín Seoighe is ainm dom. Rugadh mé i mBostún ach d'fhág mé nuair a bhí mé dhá bhliain d'aois. Tá mé i mo chónaí i mBéal an Átha i gContae Mhaigh Eo. Is as Inis Meáin do m'athair agus is Meiriceánach í mo mháthair. Ní maith liom a bheith ar scoil ar chor ar bith. D'fhágfainn í ar maidin ach ní thabharfadh mo thuismitheoirí cead dom é sin a dhéanamh.

An dara cainteoir   Rian 10

Bail ó Dhia oraibh! Is mise Micheál Ó Cinnéide. Tá cónaí orm i gCathair Luimnigh. Tá mé cúig bliana déag d'aois. Imrím rugbaí agus iománaíocht. Beidh sé deacair orm rogha a dhéanamh idir an dá spórt amach anseo ach rachaidh mé le rugbaí is dócha má bhíonn cúpla euro le déanamh as. Ba mhaith liom a bheith i mo dhochtúir nuair a fhásfaidh mé suas. Is dlíodóirí iad mo thuismitheoirí.

Cuid B

Fógra   Rian 11

Osclófar taispeántas grianghraf i Halla an Phobail Dé hAoine seo chugainn ar a hocht a chlog tráthnóna. Is grianghraif iad seo a tógadh breis agus caoga bliain ó shin. Baineann siad ar fad le muintir an cheantair agus leis an gceantar féin. Beidh catalóga speisialta ina mbeidh cóip de gach grianghraf atá ar taispeántas le ceannach ag an doras ar fhiche euro an ceann. Úsáidfear an t-airgead a bhaileofar chun Áras na Sean a mhaisiú.

Píosa nuachta

Rian 12

Rinne stoirm ghaoithe aréir mórán damáiste ar fud na tíre. I gContae na Mí, bhí an t-ádh le teaghlach nuair a thit crann mór a bhí ag fás sa chúlghairdín trí dhíon an tí. Níor gortaíodh éinne mar bhí an teaghlach ar fad amuigh ag siopadóireacht san Uaimh ag an am. Leanfaidh na gálaí gaoithe ar aghaidh inniu agus amárach, go háirithe i dtuaisceart na tíre. Iarrtar ar dhaoine gan dul amach ag tiomáint anocht ar na bóithre ach i gcásanna a bhfuil géarghá leo.

Cuid C

Comhrá a haon

Rian 13

Dia duit, a Phádraig. Sinéad Ní Shúilleabháin anseo.
Haló, a Shinéad! Níor chuala mé uait le fada. Cá raibh tú in aon chor?
Bhí mé san Iodáil ar thuras scoile le coicís anuas. Chaith mé seachtain sa Róimh agus seachtain eile in Sorrento.
Ó, a dhiabhail! Táim in éad leat! Ach inis dom faoi. Caithfidh go raibh an-am agat ann …
Is iontach an áit í an Róimh, go háirithe an tseanchathair. An t-aon rud a chuir isteach orm ná an aimsir. Bhí sí ró-the dom.
Cogar, a Shinéad, ar bhac tú le Pompeii nuair a bhí tú in Sorrento?
Chaitheamar lá amháin ann. Áit an-spéisiúil í. Rud eile, bhí an aimsir i bhfad níos fionnuaire ann.
Fáilte romhat abhaile, a Shinéad. Buailfidh mé leat amárach tar éis na scoile.

Comhrá a dó

Rian 14

Haigh, a Bhríd, Gráinne anseo.
Is ea, a Ghráinne. Céard atá uait? Tá mé ag iarraidh an aiste staire a chríochnú.
Ní chuirfidh mé moill ort, ach ar chuala tú an scéal?
Anois, a Ghráinne, ar chuala mé an scéal? Cén scéal in ainm Dé?
Go mbeidh an tUachtarán, Máire Mhic Giolla Íosa, ag teacht go dtí an scoil an mhí seo chugainn.
Is seanscéal é sin. An é sin an fáth ar ghlaoigh tú orm?
Is ea, agus ní hea. D'iarr an Príomhoide orm fáilte a chur roimh an Uachtarán ag an bpríomhdhoras agus dúirt sí liom cailín eile a fháil chun cabhrú liom ar an lá.
Agus bheadh grianghraf sna páipéir den bheirt againn?
Bheadh tusa róghnóthach ar fad, a Bhríd, agus na haistí móra sin atá le déanamh agat. Labhróidh mé le Sorcha faoi.
Ach, a Ghráinne …

Sampla 2 2002

Cluastuiscint (40 marc)

Note: Bíodh na freagraí as Gaeilge ach amháin nuair nach gá sin.

Cuid A

Cloisfidh tú giota cainte ó gach duine de **bheirt** daoine óga sa Chuid seo. Cloisfidh tú gach giota díobh *faoi dhó*. Éist go cúramach leo agus líon isteach an t-eolas atá á lorg sna greillí ag 1, 2 agus 3 thíos.

1. An chéad chainteoir   Rian 15

Ainm	Máire Ní Loinsigh
Cár rugadh agus tógadh í?	
Cén aois í?	
Slí bheatha a máthar.	

2. An dara cainteoir   Rian 16

Ainm	Féilim Ó Dochartaigh
An sórt scoile ina bhfuil sé.	
An maith leis bheith ar scoil?	
Cá mbíonn sé ag obair?	

Cuid B

Cloisfidh tú fógra agus píosa nuachta sa chuid seo. Éist le gach fógra díobh *faoi dhó*. Éist go cúramach leo. Sa scrúdu beidh sos tar éis gach píosa a chloisfidh tú chun seans a thabhairt duit an *dá* cheist a ghabhann le gach píosa a fhreagairt.

Fógra   Rian 17

(a)   (b)   (c)   (d)

1. Cén pictiúr a théann leis an bhfógra seo?

2. Cá mbeidh na daltaí má bhíonn sé ag cur báistí?
    (a) sa phictiúrlann
    (b) sa bhaile
    (c) sna seomraí ranga
    (d) sa charr

Píosa nuachta   Rian 18

(a)   (b)   (c)   (d)

1. Cé a úsáidfidh na Gluaisrothair?

2. Cé mhéad a chosain gach ceann de na Gluaisrothair?
    (a) €3,000
    (b) €15,000
    (c) €300
    (d) €10,000

CLUASTUISCINT

Cuid C

Cloisfidh tú **dhá** chomhrá sa chuid seo. Éist le gach comhrá díobh *faoi dhó*. Sa scrúdú cloisfidh tú an comhrá ó thosach deireadh an chéad uair. Ansin cloisfidh tú é ina **dhá** mhír an dara huair. Beidh sos tar éis gach míre díobh chun deis a thabhairt duit an cheist a bhaineann leis an mír sin a fhreagairt.

Comhrá a haon

An chéad mhír Rian 19

(a)    (b)    (c)    (d)

1. Cá raibh Micheál ag an deireadh seachtaine?

An dara mír

2. Conas a bhí an aimsir?
   (a) tirim
   (b) fliuch
   (c) grianmhar
   (d) gaofar

Comhrá a trí

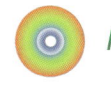

An chéad mhír Rian 20

(a)    (b)    (c)    (d)

1. Cad a rinne Sibéal?

An dara mír
2. Cá raibh sí ag obair an samhradh seo caite?
   (a) i Sasana
   (b) san Afraic
   (c) in ollmhargadh
   (d) faoin tuath

(Check your answers on page 159)

Téipscript sampla 2 2002

Cuid A
Léigh anois go cúramach, ar do scrúdpháipéar, na treoracha agus na ceisteanna a ghabhann le Cuid A.

An chéad chainteoir   Rian 15

Dia daoibh! Tá súil agam go bhfuil sibh go maith. Is mise Máire Ní Loinsigh. Rugadh agus tógadh mé i gContae na Mí. Tá mé sé bliana déag d'aois. Is as Contae an Longfoirt do m'athair. Is oifigeach é san arm. Tá sé ag obair thar lear faoi láthair le fórsaí na Náisiún Aontaithe. Is maor tráchta í mo mháthair. Uaireanta, ní bhíonn daoine ródheas léi má chuireann sí ticéad ar charranna a bhíonn páirceáilte san áit mhícheart.

An dara cainteoir   Rian 16

Feidhlim Ó Dochartaigh ag labhairt libh anseo, a chairde. Caidé mar atá sibh? Is as Droichead Átha, Contae Lú, mé. Tá mé ag freastal ar an bpobalscoil áitiúil. Ní maith liom a bheith ar scoil ar chor ar bith. Táim ag súil leis an lá a bheidh mé críochnaithe. Teastaíonn uaim a bheith i mo mheicneoir amach anseo. Caithim achan uair a bhíonn saor agam ag obair i ngaráiste m'uncail. Tá garáiste mór aige ar imeall an bhaile.

Cuid B
Léigh anois go cúramach, ar do scrúdpháipéar, na treoracha agus na ceisteanna a ghabhann le Cuid B.

Fógra   Rian 17

Gabhaim pardún agaibh, a mhúinteoirí agus a dhaltaí, ach tá fógra práinneach agam daoibh. Beidh an halla spóirt dúnta go ceann seachtaine. Briseadh isteach ann aréir agus deineadh mórán damáiste ann. Tógfaidh sé seachtain ar a laghad an áit a dheisiú arís. Idir an dá linn, is amuigh ar an bpáirc peile a bheidh na ranganna corpoideachais. Má bhíonn sé ag cur báistí iarrtar oraibh fanacht sna seomraí ranga.

CLUASTUISCINT

Píosa nuachta — Rian 18

Beidh Gluaisrothar á n-úsáid arís ag na Gardaí Síochána i gContae Dhún na nGall. Ceannaíodh dhá ghluaisrothar le déanaí. Chosain siad trí mhíle dhéag euro an ceann. Beidh ceann amháin á úsáid thart ar Leitir Ceanainn agus an ceann eile i ndeisceart an chontae. Is féidir leo luas céad agus a fiche míle san uair a bhaint amach. Beidh siad á n-úsáid ag an bhfoireann tráchta chun sábháilteacht a chur chun cinn ar na bóithre. Fuair na Gardaí a úsáidfidh na Gluaisrothair seo traenáil speisialta.

Cuid C

Léigh anois go cúramach, ar do scrúdpháipéar, na treoracha agus na ceisteanna a ghabhann le Cuid C.

Comhrá a haon — Rian 19

Dia duit, a Thríona. Micheál anseo.
Dia is Muire duit, a Mhichíl. Bhí mé ag smaoineamh ort. Ar bhain tú taitneamh as an gceolchoirm ag an deireadh seachtaine seo caite?
Bhain mé cinnte. Shíl mé go raibh David Gray ar fheabhas ar fad. Tá na focail as 'This Year's Love' ag rith trí mo cheann gan stad.
Mhuise, nach mór an díol trua thú. Shíl mise go raibh David Kitt níos fearr ná é.
Nach raibh an slua go hiontach? Bhí na hamhráin ar fad de ghlanmheabhair acu agus níor chuir an bháisteach isteach orthu ar chor ar bith.
Bí ag caint ar shuíomh, a Mhichíl, le haghaidh ceolchoirme. Sléibhte Bhaile Átha Cliath taobh thiar dínn agus crainn mhóra inár dtimpeall.
Neamh ar talamh, a Thríona. Cogar! An dtiocfaidh tú suas anseo tráthnóna go bhfeicfidh tú na grianghraif?
Tiocfaidh mé cinnte. Slán, a Mhichíl.

Comhrá a trí — Rian 20

Céad fáilte romhaibh isteach, a lucht éisteachta, chuig an gclár raidió Agallamh na Seachtaine. I mo theannta tráthnóna tá Sibéal Ní Chonchúir. Fáilte romhat, a Shibéal.
Go raibh maith agat, a Stiofáin.
Rinne tú gaisce le deireanaí, a Shibéal.
Bhuel, chuaigh mé timpeall na hÉireann de shiúl cos le barra rotha, ag bailiú airgid do 'Gorta'.
Ar bhailigh tú mórán airgid?
Caoga míle euro.
Cén fáth a ndearna tú é seo?
An samhradh seo caite bhí mé ag obair le 'Gorta' san Afraic agus chonaic mé an bochtanas ansin le mo dhá shúil féin.
Cad chuige an barra rotha?
Siombail a bhí ann. Tá mé ag iarraidh cuid d'ualach na mbocht a iompar dóibh. Chomh

maith leis sin, chuidigh sé liom an t-airgead a bhailigh mé a iompar.
Molaim thú, a Shibéil!

Sampla 3 2000

Cluastuiscint (40 marc)

Note: Bíodh na freagraí as Gaeilge ach amháin nuair nach gá sin.

Cuid A

Cloisfidh tú giota cainte ó gach duine de **bheirt** daoine óga sa chuid seo. Éist le gach giota díobh *faoi dhó*. Éist go cúramach leo agus líon isteach an t-eolas atá á lorg sna greillí ag 1, 2 agus 3 thíos.

1. An chéad chainteoir   Rian 21

Ainm	Sibéal Feirtéar
A haois.	
Cár rugadh í?	
An cluiche a imríonn sí.	
An áit a bhfuil Piaras ag obair.	

2. An dara cainteoir   Rian 22

Ainm	Sinéad Nic Suibhne
Cén áit a bhfuil a scoil?	
An cluiche a bhfuil an-spéis aici ann.	
An imríonn sí féin an cluiche sin?	
An rud a dhéanfaidh sí an bhliain seo chugainn.	

Cuid B

Cloisfidh tú **fógra** agus **píosa nuachta** anseo. Éist le gach ceann díobh **faoi dhó**. Éist go cúramach leo. Sa scrúdú beidh sos tar éis gach píosa a chloisfidh tú chun seans a thabhairt duit an **dá** cheist a ghabhann le gach píosa a fhreagairt.

Fógra   Rian 23

(a)    (b)    (c)    (d)

1. Cén pictiúr a théann leis an bhfógra seo?

2. Cén t-am a chríochnóidh an scoil?
   (a) ar maidin
   (b) anocht
   (c) ar a haon a chlog
   (d) ar a trí a chlog

Píosa nuachta   Rian 24

(a)    (b) 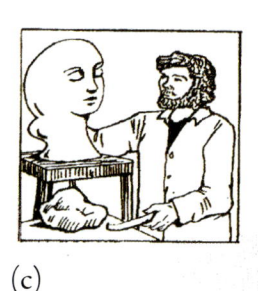   (c)    (d)

1. Slí bheatha an duine a ainmnítear sa phíosa.

2. Cad a bhí le fáil ag na daoine a raibh ticéad acu?
   (a) caoga punt
   (b) bronntanas deas
   (c) ceol, siamsaíocht agus béile galánta
   (d) milseáin agus buidéal oráiste

Cuid C

Cloisfidh tú **dhá** chomhrá sa chuid seo. Éist le gach comhrá díobh *faoi dhó*. Sa scrúdú cloisfidh tú an comhrá ó thosach deireadh an chéad uair. Ansin cloisfidh tú é ina dhá mhír an dara huair. Beidh sos tar éis gach míre díobh chun seans a thabhairt duit an cheist a bhaineann leis an mír sin a fhreagairt.

Comhrá a haon

An chéad mhír Rian 25

(a)  (b)  (c)  (d)

1. Cá raibh Síle aréir?

An dara mír

2. Cén dea-scéal atá ag Tomás do Shíle?
   (a) Tá bronntanas aige di
   (b) Réitigh sé an fhadhb di
   (c) Thug sé ríomhaire póca di
   (d) Bhí fiche euro aige di

Comhrá a dó

An chéad mhír Rian 26

(a)  (b)  (c)  (d)

1. Cén cluiche a luann máthair Shinéad?

An dara mír
2. Cén mí-ádh a bhain do Shinéad?
   (a) Sciorr sí ar an urlár tais
   (b) Chaill sí a bróga peile
   (c) Ní raibh sí ábalta fisiteiripe a fháil
   (d) Ní bhfuair sí cúl sa chluiche

(Check your answers on page 160)

Téipscript Sampla 3 2000

Cuid A

Léigh anois go cúramach, ar do scrúdpháipéar, na treoracha agus na ceisteanna a ghabhann le Cuid A.

An chéad chainteoir   Rian 21

Conas atá sibh? Tá súil agam go bhfuil sibh go maith. Is mise Sibéal Feirtéar. Cónaím i nDún an Óir, lasmuigh den Bhuailtín i gContae Chiarraí. Inniu mo bhreithlá — cúig bliana déag atáim. Rugadh mé sa bhliain míle naoi gcéad ochtó a cúig i mBostún. Tháinig mo mhuintir anseo nuair a bhí mé dhá bhliain d'aois. Táim ag siúl amach le Piaras. Oibríonn sé sa ghalfchlub áitiúil. Imrím féin galf agus ba mhaith liom bheith i mo ghalfaire gairmiúil lá éigin.

An dara cainteoir   Rian 22

Cad é mar atá sibh? Sinéad Nic Suibhne ag caint libh. Is scoláire mé sa Phobalscoil i nGaoth Dobhair i gContae Dhún na nGall. Imrím sacar don scoil agus tá an-spéis agam ann. Leanaim Glasgow Celtic. Cúpla mí ó shin bhí mé thall i nGlaschú nuair a bhí Celtic ag imirt in éadan Rangers. Taobh amuigh den spórt níl mé ró-iontach ar scoil. Tá sé ar intinn agam i bhfad níos mó staidéir a dhéanamh an bhliain seo chugainn.

Cuid B

Fógra   Rian 23

Gabhaigí mo leithscéal, a mhúinteoirí agus a dhaltaí, as a bheith ag cur isteach oraibh. Tá fógra práinneach agam daoibh. Ní bheidh ranganna ar siúl san iarnóin toisc nach bhfuil an téamh lárnach ag obair. Críochnóidh an scoil ar a haon a chlog. Níl an cluiche haca ar ceal, áfach, agus caithfidh na himreoirí bheith anseo ar a dó a chlog ar a dhéanaí. Go raibh maith agaibh.

Píosa nuachta   Rian 24

D'fhreastail dhá chéad is caoga duine ar ócáid speisialta i Lios Tuathail le déanaí. Bhí siad ag tabhairt ómóis don aisteoir Eamon Kelly. Cé go raibh cúig phunt is seachtó ar thicéad bhí na ticéid go léir díolta i bhfad roimh ré. Bhí ceol agus siamsaíocht den scoth chomh maith le béile galánta le fáil an oíche sin. Faoi láthair tá Ionad Cultúir agus Litríochta á thógáil i Lios Tuathail agus beidh seomra in onóir d'Eamon Kelly ann.

Cuid C

Léigh anois go cúramach, ar do scrúdpháipéar, na treoracha agus na ceisteanna a ghabhann le Cuid C.

Comhrá a haon   Rian 25

Haló?
Haigh, a Thomáis. Síle anseo.
Á, Dia duit, a Shíle. Conas atá tú ó aréir?
Táim go maith, a Thomáis, ach — ceist agam ort: ar fhág mé mo ríomhaire póca i do theach aréir nuair a bhíomar ag dul tríd an scrúdpháipéar matamaitice?
Ná bí buartha faoi, a Shíle. Feicim anois é os mo chomhair amach ar an matal sa seomra suí.
Buíochas le Dia! Bronntanas ó mo dhaid a bhí ann agus níor mhaith liom é a chailleadh.
Rachaidh mé suas chugat leis tráthnóna. Dála an scéil, a Shíle, an cuimhin leat ceist a ceathair ar Pháipéar a hAon?
An cuimhin liom í! Nár chaith mé an mhaidin ar fad uirthi!
Bhuel, a Shíle, tá dea-scéal agam duit. Réitigh mise an fhadhb agus taispeánfaidh mé an réiteach duit tráthnóna.
Go raibh míle maith agat, a Thomáis. Bheadh an-spéis agam ann. Slán go fóill.

Comhrá a dó   Rian 26

Heileo?
Siobhán Mhic Mhathúna anseo. An bhféadfainn labhairt le Breandán Ó Conaire, le do thoil?
Breandán Ó Conaire ag labhairt leat.
Dia duit, a duine uasail. Mise máthair Shinéad atá ar an bhfoireann peile agat.
Dia is Muire duit, a Bhean Mhic Mhathúna, cad é mar atá Sinéad? An bhfuil a cos ag cur as di go fóill?
Tá a glúin an-tinn go fóill ach tá sí ag dul i bhfeabhas ó thosaigh sí ag fáil fisiteiripe seachtain ó shin.

Bhí an-mhí-ádh uirthi gur sciorr sí ar an urlár tais san ionad siopadóireachta.
Bhí go deimhin; ach d'fhéadfadh sé bheith níos measa. Pé scéal é, ar ordú an dochtúra ní bheidh sí ábalta dul ag traenáil libh go ceann míosa ar a laghad.
Tabhair aire di. Tá a sláinte níos tábhachtaí ná cluiche ar bith.
Dá bhfágfaí fúithi féin é bheadh sí ar ais libh i gceann seachtaine.
Abair léi go raibh gach duine ag cur a tuairisce. Slán!

2 Léamhthuiscint Ceist 1 agus 2

> **aims**
> - Ceist 1: to become familiar enough with signs and notices so that you can match them with pictures
> - Ceist 2: to be able to read various notices (fógraí) and to answer questions about them

Léamhthuiscint Ceist 1 – Meatseáil

Comharthaí agus fógraí a chur le pictiúir (matching signs and notices with pictures)

Comharthaí (Signs, Notices)

- Comharthaí bóthair (*road signs*)
- Comharthaí a bhíonn le feiceáil sa scoil, sa leabharlann agus timpeall na háite (*signs and notices to be seen in the school, the library, and about the place*).

exam focus

Ceist 1
30 marc
Allow about **13 minutes**

exam focus

You should be looking out for signs and notices that are commonly found, and in particular:
- in irisí (in magazines)
- sna nuachtáin (in the papers)
- ar an teilifís (on television)
- timpeall na scoile (around the school)

How to answer Ceist 1

You should first **read the signs or announcements** that are numbered 1–10, and then **look at the pictures A–J**. You should then fill in the answers you are certain of, and finish the exercise by a process of elimination. And remember: don't leave any blank space, and don't write two answers in one space.

Gluais/*Vocabulary*

I would recommend that you learn the following vocabulary, as these words regularly come up in *Ceist 1*.

caillte	lost
aire	caution/beware
contúirteach/baolach	dangerous
cosc	prohibition
cosc ar pháirceáil	parking prohibited
dúnta	closed
leabharlann	library
ollmhargadh	supermarket
de bharr/de dheasca	because of
baol/contúirt/dainséar	danger
géill slí	yield/give way
ceadaithe	permitted
dráma	a play
ná	don't
cóisir	a party
ar cíos	for rent
ar dualgas	on duty
lárionad	centre
ar fáil	available
cíos	rent
rabhadh	warning/take care
coimeád	keep
dainséar	danger
taispeántas	exhibition/display
ar díol	for sale
cruinniú	meeting
fan amach	stay out
stailc	strike
seomra feithimh	waiting-room
seomra na dteangacha	language room
bialann/proinnteach	restaurant
seachain	avoid
ar oscailt	open
amharclann	theatre
ciúnas	silence

múch	*extinguish*
comórtas	*competition*
ag teastáil	*wanted*
seomra feistis	*dressing room*
seomra gléasta	*dressing room*
carrchlós	*car park*
garáiste	*garage*
le fáil	*available*
ar díol	*for sale*
sladmhargadh	*a bargain*
go mall	*slowly*

What to do next

1. Study the worked examples.
2. Now do the various sample tests that follow them.
3. You should perhaps attempt one test every couple of weeks.
4. You will find the answers to these tests in the answers section (p. 159).

Ceist 1: Worked example
Roinn II – Léamhthuiscint
Freagair Gach Ceist

Note: Ní mór na freagraí ar na ceisteanna sa roinn seo a scríobh sna spásanna cuí ar an gceistpháipéar seo.

Ceist 1

Meaitseáil na pictiúir agus na fógraí/comharthaí sna boscaí thíos agus scríobh na litreacha is fearr a fhreagraíonn do na huimhreacha, dar leat, sna spásanna cuí ar an ngreille. **(30 marc)**

1. **DIOSCÓ ANOCHT** — Halla na Scoile 8pm–11pm
2. **IONAD TÓGÁLA** — Tabhair Aire! Caith clogad
3. **Garáiste Uí Néill** — Meicneoirí ag teastáil
4. **Siopa Spóirt** — Gach leabhar 10% níos saoire
5. **Sparán Caillte** — San ionad siopadóireachta Fón 086–3480205
6. **Taispeántas Ealaíne** — Gailearaí Náisiúnta na hÉireann Iúil 3–6
7. **Comórtas Peile Faoi Dhíon** — Fáilte roimh gach duine
8. **Bóithre Dainséaracha** — Tiomáin go mall
9. **Féile Cheoil** — Dún Laoghaire Lúnasa 11–13
10. **STÁISIÚN HEUSTON** — Traenacha speisialta go Corcaigh 10 a.m. agus 11.30 a.m

Correct Answers

Uimhir	Litir
1	I
2	A
3	J
4	B
5	D
6	H
7	E
8	C
9	F
10	G

Obair duit féin: Sampla 1–6
Sampla 1 1994

Note: Ní mór na freagraí ar na ceisteanna sa roinn seo a scríobh sna spásanna cuí ar an gceistpháipéar seo.

Ceist 1

Meaitseáil na pictiúir agus na fógraí/comharthaí sna boscaí thíos agus scríobh na litreacha is fearr a fhreagraíonn do na huimhreacha, dar leat, sna spásanna cuí ar an ngreille. (30 marc)

1. AMHARCLANN NA PÉACÓIGE — SADHBH LE J.B. KEANE — GACH OÍCHE 8.00
2. STAILC AR SIÚL ANSEO! — MONARCHA DÚNTA
3. AN tIONAD TROSCÁIN — SLADMHARGADH — PRAGHSANNA AR THROSCÁN ÍSLITHE GO MÓR
4. Teach na Cúirte — Seisiún na maidine 10.00–1.00 — CIÚNAS SA CHÚIRT!
5. Bialann na Ciseoige — Rogha Gach Bia — Togha Gach Dí
6. TITHE NUA — De Chaighdeán an-Ard ag Tógálaithe an Droichid — Teach Taispeána ar Oscailt
7. CARR-CHALADH DÚNTA! — De Dheasca Stoirme
8. AIRE! FAN AMACH — Tá na Sreangáin Beo
9. SEOMRA NA RÍOMHAIRÍ
10. OBAIR PHÁIRTAIMSEARTHA LE FÁIL — Páipéir Nuachta le Scaipeadh — Rothar ag Teastáil

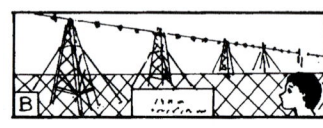

Uimhir	Litir
1	
2	
3	
4	
5	
6	
7	
8	
9	
10	

(Check your answers on page 160)

LÉAMHTHUISCINT CEIST 1 AGUS 2

Sampla 2 1995

Note: Ní mór na freagraí ar na ceisteanna sa roinn seo a scríobh sna spásanna cuí ar an gceistpháipéar seo.

Ceist 1

Meaitseáil na pictiúir agus na fógraí/comharthaí sna boscaí thíos agus scríobh na litreacha is fearr a fhreagraíonn do na huimhreacha, dar leat, sna spásanna cuí ar an ngreille. (30 marc)

Uimhir	Litir
1	
2	
3	
4	
5	
6	
7	
8	
9	
10	

1. **Iarnród Éireann** — Bróisiúr '97 — Le fáil ag stáisiún ar bith
2. **RANG CÓCAIREACHTA LE** Mairín sa 'Chistin' — Dé Céadaoin, 8:30 i.n.
3. **Aire!** Daltaí ag gabháil trasna — Pobalscoil Chloich Cheannfhaola
4. **AER ÁRANN** — Eitiltí gach lá — Teileafón (091) 93034
5. **COSC AR CHAMPÁIL** — Ordú ó Chomhairle Contae na Mí
6. **Salon Denise** — Gruagaire — Don stíl is fearr
7. **Lárionad Garraíodóireachta na Mara** — Gach rud don ghairdín le fáil
8. **Taispeántas ealaine sa Dánlann Náisiúnta** — Pictiúir le Jack B. Yeats
9. **SEOMRA CORPOIDEACHAIS** — Gafa ag an múinteoir corpoideachais
10. **Aire!** Tiomáin go mall — Duganna gan chosaint

(Check your answers on page 160)

Sampla 3 1996

Note: Ní mór na freagraí ar na ceisteanna sa roinn seo a scríobh sna spásanna cuí ar an gceistpháipéar seo.

Ceist 1

Meaitseáil na pictiúir agus na fógraí/comharthaí sna boscaí thíos agus scríobh na litreacha is fearr a fhreagraíonn do na huimhreacha, dar leat, sna spásanna cuí ar an ngreille. (30 marc)

1	**TÓG DEN TALAMH É!** *Coinnigh slacht ar do cheantar*
2	**Cúrsa ealaíne** Ranganna do dhaoine fásta Dé Céadaoin 8:00 i.n.
3	**SIOPA BÚISTÉARA** Uaineoil den scoth £1.90 an punt
4	**Stiúideo faisin** Ag teastáil: Grianghrafadóir cumasach
5	**CÚRSA SEOLTÓIREACHTA** 9–16 Iúil (ag brath ar an aimsir) Cumann Húicéirí na Gaillimhe
6	**Aire!** *Ba ag trasnú*
7	**Oíche Shamhna** Cóisir do dhéagóirí Tabhair leat do scuab!
8	**Garáiste Uí Néill** *Gluaisteáin de gach sórt Nua agus athláimhe*
9	**Adhmad Chonamara Tta** Obair shiúinéireachta ar phraghas réasúnta
10	**COMÓRTAS IASCAIREACHTA** Loch Measca *Duais speisialta don bhreac is mó!*

Uimhir	Litir
1	
2	
3	
4	
5	
6	
7	
8	
9	
10	

(Check your answers on page 160)

Sampla 4 1997

Note: Ní mór na freagraí ar na ceisteanna sa roinn seo a scríobh sna spásanna cuí ar an gceistpháipéar seo.

Ceist 1

Meaitseáil na pictiúir agus na fógraí/comharthaí sna boscaí thíos agus scríobh na litreacha is fearr a fhreagraíonn do na huimhreacha, dar leat, sna spásanna cuí ar an ngreille. (30 marc)

1. **Ná tabhair bia do na hainmhithe**	A
2. *NA DÁTAÍ IS DÉANAÍ* **POST NA NOLLAG** — An Bhreatain 20 Nollaig Éire 21 Nollaig	B
3. *Cúrsa Drámaíochta* — Ranganna do dhaoine óga, Amharclann de hÍde, Dé Sathairn 4.00 p.m.	C
4. **Rannóg Timpistí** — Otharcharranna Amháin	D
5. *CÓGAISEOIR* — Siopa ar oscailt déanach gach oíche	E
6. **Craobh na hÉireann** — *Cispheil an Láthair Náisiúnta Chispheile* — Dé Domhnaigh — 2.30 p.m.	F
7. **CÚNTÓIRÍ AG TEASTÁIL** — *Leabharlann na Scoile* — Luan Aoine 12.30 p.m.–1.00 p.m.	G
8. **LE DÍOL** — Feirm mhór déiríochta, 200 acra 300 bó, Fón: 046 987653	H
9. **OIBREACHA BÓTHAIR ROMHAT**	I
10. **COMHALTAS CEOLTÓIRÍ ÉIREANN** — *Ranganna Damhsa*	 J

Uimhir	Litir
1	
2	
3	
4	
5	
6	
7	
8	
9	
10	

(Check your answers on page 161)

Sampla 5 1998

Note: Ní mór na freagraí ar na ceisteanna sa roinn seo a scríobh sna spásanna cuí ar an gcoistpháipéar seo.

Ceist 1

Meaitseáil na pictiúir agus na fógraí/comharthaí sna boscaí thíos agus scríobh na litreacha is fearr a fhreagraíonn do na huimhreacha, dar leat, sna spásanna cuí ar an ngreille. (30 marc)

1. **AMHARCLANN DE HÍDE** — Milseog an tSamhraidh — Éilís Ní Dhuibhne
2. **TAISPEÁNTAS FAISIN** na Sionainne in Ath Luain
3. **Stailc ar siúl anseo**
4. *Bia agus Bord ar fáil anseo* — Seomraí en suite
5. **OIFIG AN RÚNAÍ**
6. **Búistéir den Scoth** — Togha na Feola
7. **Ceamara Slándála ag Feidhmiú Anseo**
8. **Leanaí ag Trasnú** — Tiomáin go mall
9. **RANGANNA SEIT** — Gach Céadaoin, 8 p.m.
10. **TÁ AN CARRCHLÓS LÁN**

Uimhir	Litir
1	
2	
3	
4	
5	
6	
7	
8	
9	
10	

(Check your answers on page 161)

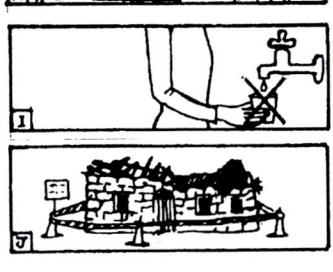

LÉAMHTHUISCINT CEIST 1 AGUS 2

Sampla 6 1999

Note: Ní mór na freagraí ar na ceisteanna sa roinn seo a scríobh sna spásanna cuí ar an gceistpháipéar seo.

Ceist 1

Meaitseáil na pictiúir agus na fógraí/comharthaí sna boscaí thíos agus scríobh na litreacha is fearr a fhreagraíonn do na huimhreacha, dar leat, sna spásanna cuí ar an ngreille. (30 marc)

1. Ná cas ar chlé
2. PÁISTÍ AG TRASNÚ
3. Seomra Feistis na mBuachaillí
4. FREASTALAITHE AG TEASTÁIL
5. ÉADAÍ BAN
6. An fheoil is fearr ar an bpraghas is ísle
7. Ciúnas SCRÚDÚ AR SIÚL
8. Ranganna Adhmadóireachta gach Céadaoin 9 a.m.
9. Foirgneamh Baolach FAN AMACH!
10. NÁ hÓL AN tUISCE!

Uimhir	Litir
1	
2	
3	
4	
5	
6	
7	
8	
9	
10	

(Check your answers on page 161)

Léamhthuiscint Ceist 2 – Fógraí

You will be asked to read various notices (*fógraí*) and to answer questions about them in this series.

- *Fógraí scoile* (school notices or announcements)
- *Fógraí ginearálta* (general notices)
- *Fógraí d'fhéilte* (for festivals)
- *Fógraí faoi bhiachláir* (about menus)
- *Fógraí faoi chláir ama busanna, scoile, eitleán, traenacha* (about timetables for buses, school, flights, trains)
- *Fógraí faoi fhoirmeacha iarratais* (about application forms)
- *Sceidil clár teilifíse agus raidió* (schedules of television and radio programmes)

Ceist 2
30 marc
Allow about 18 minutes

How to answer Ceist 2

'Freagair do rogha *dhá cheann* de (*a*) (*b*) agus (*c*) anseo thíos.' You are required to answer *any two* of (*a*) (*b*) and (*c*). You should note that there are equal marks for each section — i.e. 15 + 15 marks.

Your answers should be written on the answer sheet and should, of course, be in Irish. It is sufficient to write short sentences, or even single-word answers. All questions should be attempted.

Tips for answering these questions

- You should note the Question words (p. 5) and *Na Focail Cheisteacha* (p. 7)
- Questions and answers will usually follow the sequence of the notice or announcement or poem i.e. first question at or towards the beginning, and so on.
- You should avoid 'lucky dip answers', i.e. giving a whole lot of information from the passage or poem and hoping the answer is in there somewhere. This does not impress examiners — quite the opposite.

What to do next

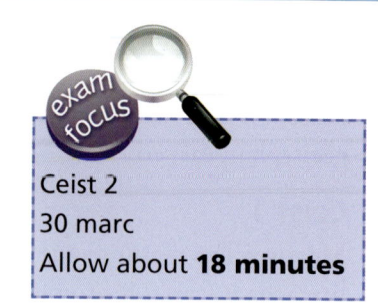

1. Study the worked examples.
2. Now do the various sample tests from past examination papers that follow.
3. You should perhaps **attempt one test each week**.
4. You will find the answers to these tests in the answers section (p. 159).
5. Remember, when doing these tests, if **two** points (*dhá cheann, dhá rud*) are required, you must include **two** separate points, using bullet points to indicate each point.
6. Remember also, that if the question requires only **one** point then you should include only **one** point in your answer. You should note that you will lose marks if you include either too few or too many points in your answer.

Ceist 2: Worked examples

Fógra – Worked example 1

Note: answers are in red

Ceist 2

Freagair do rogha **dhá cheann** de (a), (b), (c). (**30 marc**)

(a) Léigh an *fógra* seo a leanas agus freagair na ceisteanna a ghabhann leis. (**15 mharc**)

Cathair Bhaile Átha Cliath

Páirc an Fhionnuisce
Bain úsáid as áiseanna na páirce

- Tabhair cuairt ar **Ghairdín na nAinmhithe**
- Féach ar na **fianna fiáine** mórthimpeall na páirce
- Taispeántas den scoth ar stair agus ar fhiadhúlra na páirce le feiceáil in **Ionad Cuairteoirí** Pháirc an Fhionnuisce
- **Áras an Uachtaráin** ar oscailt don phobal **gach Satharn** (saorchead isteach – ticéid ar fáil ar an lá in Ionad na gCuairteoirí)
- Tá **siúlóidí breátha** sa pháirc
- **Páirceanna imeartha** do gach saghas spóirt

BÍODH PICNIC AGAT – TÓG SOS:
sa ghairdín álainn poiblí
nó
sa pháirc bhreá fhairsing féin

(i) Ainmnigh rud **amháin** is féidir leat a dhéanamh má thaitníonn ainmhithe leat.
Féachaint ar na fianna fiáine **or**
Cuairt a thabhairt ar Ghairdín na nAinmhithe

(ii) Cathain is féidir cuairt a thabhairt ar Áras an Uachtaráin?
Gach Satharn

(iii) Cén áit ar féidir leat sos a thógáil?
Sa ghairdín álainn poiblí **or** *sa pháirc bhreá.* **Note: either will do.**

Fógra – Worked example 2

Note: answers are in red

Ceist 2
Freagair do rogha **dhá cheann** de (a), (b), (c). (**30 marc**)
(a) Léigh an *fógra* seo a leanas agus freagair na ceisteanna a ghabhann leis. (**15 mharc**)

CÓRAS IOMPAIR ÉIREANN

Tabhair an bóthar ort féin le CIÉ!

Ná cuir strus ort féin
Lig do CIÉ an obair chrua a dhéanamh duit.
Is breá linn cabhrú leat.
Féach ar na seirbhísí taistil atá ar fáil.

Dublin Bus
Community Support
Programme Winners 2007

I mBaile Átha Cliath	Timpeall na tíre
Taistil ar an Dart agus ar na busanna agus	Taistil ar thraenacha agus ar bhusanna compordacha agus beidh tú ábalta
• Sábhálfaidh tú am ort féin	• suí siar ar do shuaimhneas
• Bainfidh tú do cheann scríbe amach in am	• leabhar nó nuachtán a léamh
• Ní bheidh tú buartha faoi spás páirceála	• do chuid gnó a dhéanamh

Go nÉirí do Thuras Leat!

(i) Cé a dhéanfaidh an obair chrua duit?
CIÉ

(ii) Scríobh síos cúis **amháin** ar cheart duit taisteal ar an Dart agus ar na busanna i mBaile Átha Cliath.
Sábhálfaidh tú am **or** *Bainfidh tú do cheann scríbe amach in am* **or** *Ní bheidh tú buartha faoi spás páirceála.* **Note: You can give only <u>one</u> of these three answers.**

(iii) Luaigh rud **amháin** is féidir leat a dhéanamh ar na traenacha nó ar na busanna a bhíonn ag taisteal timpeall na tíre.
Mar beidh tú ábalta suí siar ar do shuaimhneas **or** *Mar beidh tú ábalta leabhar nó nuachtán a léamh* **or** *Mar beidh tú ábalta do chuid gnó a dhéanamh.* **Note: You can give only <u>one</u> of these three answers.**

Fógra – Worked example 3

Note: answers are in red

Ceist 2
Freagair do rogha **dhá cheann** de (a), (b), (c). (**30 marc**)

(a) Léigh an *fógra* seo a leanas agus freagair na ceisteanna a ghabhann leis. (**15 mharc**)

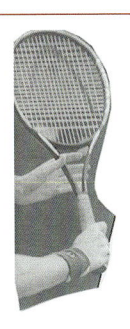

CAMPA LEADÓIGE
Coláiste Phádraig

Do dhaoine óga
idir sé bliana agus ocht mbliana déag d'aois

Páistí óga
Is féidir leo a bheith sa ghrúpa céanna lena gcairde

Le foghlaim:
Scileanna leadóige
ó imreoirí sciliúla

Cúrsaí ar siúl
Ar feadh seachtaine ó Luan go hAoine
4 Iúil–25 Iúil 2007

Costas
€80 in aghaidh na seachtaine

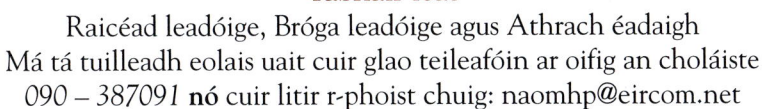

Tabhair leat
Raicéad leadóige, Bróga leadóige agus Athrach éadaigh 
Má tá tuilleadh eolais uait cuir glao teileafóin ar oifig an choláiste
090 – 387091 **nó** cuir litir r-phoist chuig: naomhp@eircom.net

---

(i) Cén áit a mbeidh an campa leadóige?
i gColáiste Phádraig

(ii) Cén costas atá ar an gcúrsa leadóige seo?
€80 in aghaidh na seachtaine (**€80 would also get full marks**)

(iii) Ainmnigh **dhá** rud atá le tabhairt leat ar an gcúrsa?
raicéad leadóige — bróga leadóige — athrach éadaigh.
Note: Any 2 of those 3 gets the marks

Obair duit féin: Sampla 1–8

Fógra – Sampla 1

Ceist 2

Léigh an *fógra* seo a leanas agus freagair na ceisteanna a ghabhann leis. (15 mharc)

AN BIÚRÓ TAISTIL

Saoire faoin nGrian uait?

Téigh go dtí 'Cósta na Gréine' sa Spáinn —
an áit a mbíonn sé ina shamhradh i gcónaí!
Teocht 22° 27° gach lá!

Tá dhá shórt árasáin ag an mBiúró Taistil in Óstán na Trá i Malaga i ndeisceart na Spáinne. Tá linn snámha san óstán, agus seomra teilifíse agus seomra cluichí. Tá Club do dhaoine óga ann chomh maith, agus bíonn imeachtaí iontacha ar siúl gach lá.

Árasán (A)
- ar an 3ú hurlár
- dhá sheomra codlata
- seomra suí
- cistin (oigheann leictreach; cuisneoir; miasniteoir)
- balcóin
- radharc ar an bhfarraige
- dhá sheomra folctha
- teilifís

Árasán (B)
- Mar an 10ú hurlár
- seomra codlata amháin
- cistin (sornóg gháis; cuisneoir)
- radharc ar na sléibhte
- seomra folctha amháin
- raidió leictreach

Áit álainn cois farraige is ea Malaga. I measc na rudaí atá ann don turasóir, tá bialanna, siopaí, cúirteanna leadóige, galfchúrsaí, tithe tábhairne agus, ar ndóigh, an fharraige álainn ghorm sin!

Tuilleadh Eolais: An Biúró Taistil, 87 Sráid an Phiarsaigh, Baile Átha Cliath 2

(i) Cén fáth a dtugtar 'Cósta na Gréine' ar an áit seo sa Spáinn?

_____

(ii) Tá rudaí in Árasán (A) nach bhfuil in Árasán (B). Luaigh **dhá cheann** díobh.

_____

(iii) Ní maith leat bheith amuigh faoin ngrian. Cad atá san áit seo duitse, mar sin? (Is leor **dhá** rud.)

_____

(Check your answers on page 161)

Fógra – Sampla 2

Ceist 2

Léigh an *fógra* seo a leanas agus freagair na ceisteanna a ghabhann leis. (15 mharc)

Teach Feirme Radharc an tSléibhe

Baile Coimín
Co. Chill Mhantáin

- Radhairc áille sléibhe agus locha.
- Cóiríocht sheascair chompordach.
- Bia mara agus feirme den scoth.
- Áiseanna bádóireachta agus iascaigh ar Loch Bhaile Coimín.
- Marcaíocht capall.
- Teach Russborough in aice láimhe – ar oscailt don phobal.
- Fáilte roimh leanaí agus roimh pheataí.
- Seomraí en suite; rátaí réasúnta.

(i) Cad é seoladh Theach Feirme Radharc an tSléibhe?

_____

(ii) Luaigh dhá chaitheamh aimsire atá ar fáil ar Loch Bhaile Coimín.

_____

(iii) Cad is ainm don teach atá ar oscailt don phobal?

_____

(Check your answers on page 161)

Fógra – Sampla 3

Ceist 2

Léigh an *fógra* seo a leanas agus freagair na ceisteanna a ghabhann leis. (15 mharc)

'FÁILTIÚ ABHAILE'
Dúiche Sheoigheach

Dé Sathairn 3 Lúnasa — Dé Domhnaigh 11 Lúnasa

Dé Sathairn 3 Lúnasa 1996
8.00 p.m. Aifreann, Séipéal an Chroí Rónaofa, Corr na Móna
9.00 p.m. Fáilte oifigiúil agus seisiún ceoil, Áras Pobail Chorr na Móna

Dé Domhnaigh 4 Lúnasa 1996
10.00 a.m. — 4.00 p.m. Ceardlann rince seit, an Mám
2.00 p.m. Turas go Máméan
3.00 p.m. Aifreann ar Mháméan

De Luain 5 Lúnasa 1996
10.00 a.m. Comórtas iascaireachta, an Mám
2.00 p.m. Lá spóirt sa pháirc imeartha, Corr na Móna

Tabharfaidh an tseachtain seo siar ar bhóithrín na smaointe thú.
Bain sásamh agus pléisiúr as imeachtaí na seachtaine seo

(i) Cad a bheidh ar siúl Dé Sathairn?

_____

(ii) Beidh roinnt de na himeachtaí ar siúl Dé Domhnaigh. Ainmnigh *dhá cheann* díobh.

_____

(iii) Beidh comórtas iascaireachta ar siúl. Cén lá? Cén t-am?

_____

(Check your answers on page 161)

Fógra – Sampla 4

Ceist 2

Léigh an *fógra* seo a leanas agus freagair na ceisteanna a ghabhann leis. (15 mharc)

Pléaráca Chonamara '97
Clár na Féile   18 – 21 Meán Fómhair

DÉARDAOIN
- 8.00 p.m.   Oscailt oifigiúil na Féile i dteach Pheadair Mhóir le Seosamh Mac Donncha.
- 10.00 p.m. Oíche Airneáin; Joe Steve Ó Neachtain ina fhear tí.

DÉ hAOINE
- 9.00 p.m.   Karaoke trí Ghaeilge sa Réalt; Diarmaid de Faoite ina fhear tí.
- 10.00 p.m. Grúpa ceoil ón mBreatain Bheag ag seinm sa Chrúiscín Lán.

DÉ SATHAIRN
- 11.00 a.m. Ceardlann seiteanna san Ionad Pobail le Pádraig Ó Sé.
- 1.00 p.m.   Lá spóirt i bPáirc Chamais – Aclaíocht.

DÉ DOMHNAIGH
- 4.00 p.m.   Siamsa in Áras Mhic Dara do na seandaoine.
- 8.00 p.m.   Comórtas rince céime ar an sean-nós sa Chistin; Máirtín Jéimsí Ó Flaithearta ina fhear tí.
- 11.00 p.m. Rince Mór an Fhómhair in Óstán na Ceathrún Rua.

Tá eolas breise le fáil ó oifig Phléaráca.

(i) Cé a dhéanfaidh Pléaráca Chonamara a oscailt go hoifigiúil?

(ii) Cá mbeidh an grúpa ceoil ón mBreatain Bheag ag seinm?

(iii) Cad a bheidh ar siúl in Óstán na Ceathrún Rua?

(Check your answers on page 161)

Fógra – Sampla 5

Ceist 2

Léigh an *fógra* seo a leanas agus freagair na ceisteanna a ghabhann leis. (15 mharc)

Scoil Naomh Áine
Seachtain na Sláinte
7 – 11 Deireadh Fómhair

DÉ LUAIN:
10.00 a.m.	Oscailt Oifigiúil le Sonia O'Sullivan – reathaí.
11.00 a.m.	Caint ó Darina Allen – an cócaire cáiliúil – 'An chaoi le hithe go sláintiúil' – sa Seomra Cócaireachta.
2.00 p.m.	Cuairt ar Ionad Spóirt Óstán na Cille. Rásaí snámha i linn snámha an óstáin.

DÉ MÁIRT:
10.00 a.m.	Dráma: 'Drugaí = Dainséar' le Micheál de Búrca, á léiriú ag Aisteoirí Bulfin i Halla na Scoile.
12 nóin	Taispeántas Cispheile ó chlub cispheile Naomh Uinseann.
7.30 p.m.	Seó Faisin Spóirt i Halla na Scoile – ar son Ospidéal Naomh Séamas.

DÉ CÉADAOIN:
10.00 a.m.	Ceardlann Snámha le Michelle Smith (an buaiteoir Oilimpeach) i linn snámha na scoile.
12.30 p.m.	Cluiche Sacair: Múinteoirí v Tuismitheoirí.
3.00 p.m.	Cuairt ar an scoil ón Aire Sláinte, Micheál Ó Nuanáin, T.D.

DÉARDAOIN:
10.00 a.m.	'Seachain an tSiúcra!' Caint ó Shíle Ní Mhórdha, fiaclóir.
12 nóin	Siúlóid 10 ciliméadar – ar son Chumann Ailse na hÉireann.
7.30 p.m.	Lainseáil físeáin nua: 'Aclaíocht le hAisling' le hAisling Ní Bhriain (ball de Choiste na dTuismitheoirí).

DÉ hAOINE
10.00 a.m.	Seisiún ceisteanna agus freagraí le Niall Quinn, an peileadóir proifisiúnta, sa Halla Spóirt.
12 nóin	Díolachán Saothair i Halla na Scoile – ar son chiste na gCluichí Oilimpeacha speisialta.
7.00 p.m.	Tráth na gCeist Boird (á eagrú ag Coiste na dTuismitheoirí) sa Halla Spóirt.

(i) Ainmnigh **beirt** phearsana spóirt a thiocfaidh ar cuairt go dtí an scoil.

_____

(ii) Beidh baint ag *tuismitheoirí* le roinnt de na himeachtaí thuas. Ainmnigh **dhá cheann** de na himeachtaí sin.

_____

(iii) Cad a bheidh ar siúl ar son **Ospidéal Naomh Séamas**? Cén áit? Cén t-am?

_____

(Check your answers on page 162)

Fógra – Sampla 6

Ceist 2

Léigh an *fógra* seo a leanas agus freagair na ceisteanna a ghabhann leis. (15 mharc)

Seachadadh litreacha an lá dár gcionn

Seachadtar an lá oibre dár gcionn 93 faoin gcéad de na litreacha le seoltaí cearta a chuirtear sa phost in Éirinn in am do phost na hoíche.

Léirítear an méid sin sa suirbhé neamhspleách MRBI is déanaí a d'eagraigh an Post i measc sampla ionadaíochta 1,511 seoladh ar fud na tíre i gcaitheamh trí mhí. Is iad seo a leanas na miontorthaí, le figiúirí comparáideacha don tréimhse roimhe:

	D. Fómhair go Nollaig 1993	Iúil go M. Fómhair 1993
Baile Átha Cliath go Baile Átha Cliath	94%	98%
Baile Átha Cliath go dtí na cúigí	90%	87%
Na cúigí go Baile Átha Cliath	95%	91%
Na cúigí go dtí na cúigí	93%	98%
Meán	93%	95%

Ciallaíonn 93% laghdú 2% ón ráithe roimhe, rud arbh é ba chúis leis breis poist i mí na Nollag.
Tá sé mar aidhm ag an bPost an tseirbhís a fheabhsú i rith na míonna atá romhainn.

D'fhéadfása cabhrú linn trí sheoladh soiléir a chur ar gach litir a chuireann tú sa phost, trí uimhir an cheantair phoist a úsáid do Bhaile Átha Cliath, agus trí litreacha a chur sa phost go luath sa lá.

Cuirfidh an Post tuairisc ar fáil tar éis gach ráithe.

AN POST

(i) Cé a rinne an suirbhé?

_____

(ii) Cé mhéad ama a chaith siad ar an suirbhe?

_____

(iii) Luaigh **dhá** bhealach ina bhféadfá cabhrú leis an bPost.

_____

(Check your answers on page 162)

Fógra – Sampla 7

Ceist 2

Léigh an *fógra* seo a leanas agus freagair na ceisteanna a ghabhann leis. (15 mharc)

FÉILE '93

Staid Semple, Durlas, Co. Thiobraid Árann
Aoine 3 — Domhnach 5 Lúnasa
Deireadh Seachtaine Ceoil

DÉ HAOINE
(Geata ag oscailt 6:00 p.m. Seó ag tosú 7:00 p.m.)
Meat Loaf • Big Country • No Sweat • Saw Doctors • The Amazing Colossal Men

DÉ SATHAIRN
(Geata ag oscailt meán lae. Seó ag tosú 1:00 p.m.)
Hothouse Flowers • The Four of Us • Something Happens • Moving Hearts • The Stunning

DÉ DOMHNAIGH
(Geata ag oscailt meán lae. Seó ag tosú 1:00 p.m.)
Van Morrison • Deacon Blue • Christy Moore • Mary Black • An Emotional Fish

Ticéid: HMV agus siopaí ceirníní i ngach áit.
Ticéad don deireadh seachtaine iomlán: €30.
Ticéid lae: Dé hAoine €10.50; Dé Sathairn €14.50; Dé Domhnaigh €14.50
Áiseanna campála le fáil (do dhaoine a bhfuil ticéad acu).

(i) Cén áit ar féidir ticéad a fháil don fhéile?

_____

(ii) Ainmnigh **dhá** ghrúpa a bheidh ag seinm ceoil Dé Sathairn.

_____

(iii) Cé mhéad a chosnaíonn ticéad don deireadh seachtaine?

_____

(Check your answers on page 162)

Fógra – Sampla 8

Ceist 2

Léigh an *fógra* seo a leanas agus freagair na ceisteanna a ghabhann leis. (15 mharc)

RADHARC NA SLÉIBHTE

Bialann ag bun Shléibhte Chill Mhantáin
Oscailte seacht lá na seachtaine
Seo roinnt samplaí dár mbiachlár iontach:

Bricfeasta traidisiúnta
* Sú oráiste
* Leite nó calóga arbhair
* Ispíní, bagún, ubh fhriochta
* Tósta agus marmaláid
* Tae nó caife

Bricfeasta sláintiúil
* Oráiste
* Leite nó muesli
* Ubh bhruite nó iasc
* Arán donn agus mil
* Tae nó caife

Lón A (€4.95)
* Anraith muisiriún
* Curaí glasraí
* Pióg úll agus uachtar
* Tae nó caife

Lón B (€5.95)
* Sailéad bhia na mara
* Stéig mhairteola agus sceallóga
* Císte seacláide
* Tae nó caife

Dinnéar (€13.50)
Biachlár speisialta don dinnéar gach oíche, 7–11 p.m.

Teileafón (01) 9114533

(i) Cén fáth a dtugtar Radharc na Sléibhte ar an mbialann seo?

(ii) Ainmnigh **trí** rud atá sa 'bhricfeasta traidisiúnta' nach bhfuil sa 'bhricfeasta sláintiúil'.

(iii) Cé mhéad a chosnaíonn an dinnéar?

(Check your answers on page 162)

3 Léamhthuiscint
Ceist 3: Na Sleachta

aims
- To be able to show that you understand the passages
- To answer comprehension questions relating to them

Format of Ceist 3

exam focus

Ceist 3
60 marc
Allow about **18 minutes**

- **Many of the Prose extracts and passages** in this section deal with **current affairs**; you should prepare for this part of the exam by reading Irish language magazines and papers.
- There are **two comprehension passages** in this part of the examination. **Both sections (*a* and *b*) should be attempted. Each section carries 30 *marks*.** As in questions 1 and 2, all answers have to be written *on the examination paper*.
- It should be remembered that many of these passages are taken from magazines and papers. A **picture** is usually given, and the **headline** for the passage will also help you in dealing with the topic.
- Difficult words or expressions may be explained in the *Gluais* (glossary) that is sometimes included at the bottom of the passage.

How to do Question 3

1. You should underline the **key words** in the questions.
2. You should then go to the passage and match and underline the words in the passage that match the key question words. This is known as word matching. You should then write down the number for each question where you have underlined the matching word(s) in the passage.
3. The required and correct answers will be generally found in the vicinity of the matching words that you have underlined.
4. Remember that the questions and answers are nearly always **in sequence** in relation to the passage.
5. You should **attempt to answer all questions** as there are no marks given for blank spaces. Write down an answer of some kind, even if you have to make a guess. You just might be lucky and guess correctly.
6. **Each of the questions in Ceist 3(*a*) and (*b*) carry equal marks**, i.e. six marks each.
7. You should refer to the Question words (p. 5) and *Na Focail Cheisteacha* (p. 7).

What to do next

1. Study the worked examples to see how they are done. You will notice that we have used the key-word matching system as outlined above.
2. You will find the answers to the questions in the answers section (p. 159).
3. You should attempt to do one piece every week.

Ceist 3: Worked examples

Na sleachta: Worked example 1

Note: answers are in red

Ceist 3

Léigh an **sliocht** seo a leanas agus freagair na ceisteanna a ghabhann leis. (**30 marc**)

KIRSTEN DUNST
Réalta Scannán

1. Rugadh Kirsten Caroline Dunst ar 30 Aibreán 1982 in Point Pleasant, New Jersey sna Stáit Aontaithe. An leasainm atá uirthi ná **Kiki** mar nuair a bhí sí óg ní raibh sí ábalta a hainm féin a rá i gceart. Tá deartháir amháin aici. Christian is ainm dó agus tá sé ceithre bliana níos óige ná í.

2. Thosaigh sí ag obair mar aisteoir i bhfógraí teilifíse nuair a bhí sí trí bliana d'aois. Rinne sí seachtó fógra ar fad. An chéad scannán ar ghlac sí páirt ann ná *New York Stories* i 1989.

3. I 1993 fuair sí an seans a bhí uaithi nuair a roghnaigh Neil Jordan í do pháirt *Claudia* sa scannán *Interview with the Vampire: The Vampire Chronicles*. De bharr an taispeántais a thug sí sa scannán seo bhuaigh sí an gradam *Saturn* don *Aisteoir Óg is Fearr* agus ainmníodh í don ghradam *Golden Globe* chomh maith.

4. Tá aithne ag a lán daoine ar Kirsten mar *Mary Jane Watson* sna scannáin *Spider-Man*. Ghlac sí páirt sna trí cinn go dtí seo agus is iad na scannáin sin a rinne réalta scannán idirnáisiúnta di.

5. Taispeánadh an scannán *Spider-Man 1* den chéad uair sa bhliain 2002. Thuill sé $110 milliún an chéad deireadh seachtaine a bhí sé ar taispeáint. Níor tharla sin d'aon scannán eile roimhe sin.

(i) Cén fáth a bhfuil an leasainm **Kiki** ar Kirsten? (**Alt 1**)
mar ní raibh sí ábalta a hainm féin a rá i gceart nuair a bhí sí óg.

(ii) Cén aois a bhí sí nuair a thosaigh sí ag obair mar aisteoir? (**Alt 2**)
(Bhí sí) trí bliana d'aois (you don't need to use the verb to get full marks)

(iii) Cén pháirt a fuair sí sa scannán *Interview with the Vampire: The Vampire Chronicles*? (**Alt 3**)
(páirt) Claudia (**Claudia** would be enough to get full marks)

(iv) Cén fáth a bhfuil aithne ag a lán daoine ar Kirsten? (**Alt 4**)
mar Mary Jane Watson sna scannáin Spiderman

(v) Cathain a taispeánadh an scannán *Spider-Man 1* den chead uair? (**Alt 5**)
sa bhliain 2002

Na sleachta: Worked example 2

Note: answers are in red

Ceist 3

CEIST 3 Freagair (a) **agus** (b) anseo. (**60 marc**)
(a) Léigh an **sliocht** seo a leanas agus freagair na ceisteanna a ghabhann leis. (**30 marc**)

EOIN COLFER – Údar Artemis Fowl

1. Tá cáil bainte amach ag Eoin Colfer ar fud an domhain as ucht a chuid scríbhneoireachta. Thosaigh sé ag scríobh go luath ina shaol. Nuair a bhí sé i rang a sé sa bhunscoil scríobh sé dráma ar na Déithe Lochlannacha. Scríobhann sé, den chuid is mó, do dhéagóirí óga cé go bhfuil drámaí scríofa aige do dhaoine fásta freisin.

2. Múinteoirí ba ea a thuismitheoirí agus bhí sé féin ina mhúinteoir leis. Nuair a phós sé a bhean chéile, Jackie, bhí siad ina gcónaí i gContae Loch Garman i dtosach. Ansin chaith siad ceithre bliana i dtuaisceart na hAfraice agus san Iodáil.

3. Bhain sé úsáid as an méid a d'fhoghlaim sé faoin Afraic ina chéad leabhar, Benny and Omar, mar bíonn ar Benny dul chun cónaithe sa Túinéis i dtuaisceart na hAfraice nuair a théann a athair ag obair sa tír sin.

4. Tá cáil idirnáisiúnta ar Eoin Colfer mar údar anois. I Mí an Mheithimh 2002 bhí a leabhar Artemis Fowl: The Arctic Incident ag uimhir a haon sna leabhair is mó díol agus díoladh níos mó cóipeanna de ná leabhair J. K. Rowling, údar na leabhar faoi Harry Potter.

5. Tá margadh déanta ag Eoin Colfer le comhlacht de chuid Robert de Niro, Miramax & Tribecca, scannán a dhéanamh as an leabhar. Chomh maith leis sin tá Gaeilge curtha ar an leabhar ag Máire Nic Mhaoláin.

(i) Cathain a thosaigh Eoin Colfer ag scríobh?
go luath ina shaol

(ii) Cé dó a scríobhann sé?
do dhéagóirí óga agus do dhaoine fásta

(iii) Cén tslí bheatha a bhí ag a thuismitheoirí?
múinteoirí ba ea iad

(iv) Cá raibh sé féin agus a bhean chéile ar feadh ceithre bliana?
i dtuaisceart na hAfraice agus san Iodáil

(v) Cén margadh atá déanta ag Eoin Colfer le Miramax & Tribecca?
scannán a dhéanamh bunaithe ar an leabhar

Obair duit féin: Sampla 1–10

Na sleachta – Sampla 1

Ceist 3

(a) Léigh an **sliocht** seo a leanas agus freagair na ceisteanna a ghabhann leis. (30 marc)

TITANIC FEICTHE AICI NAOI nUAIRE IS FICHE!

TITANIC FEICTHE AICI NAOI N-UAIRE IS FICHE!

Tá cailín i Leitir Ceanainn chomh mór sin i ngrá le réalta an scannáin, 'Titanic', go bhfuil an scannán feicthe aici naoi n-uaire is fiche ó tosaíodh á thaispeáint i bpictiúrlann ar an mbaile, roinnt seachtainí ó shin.

Sé bliana déag atá Donna Ní Dhuibheánaigh agus deir sí go dtaitníonn Leonardo di Caprio go mór léi. Sin é an fáth a dtéann sí go dtí an phictiúrlann chomh minic sin i láthair na huaire. Dúirt sí lena máthair le déanaí nach raibh aon bhronntanas uaithi dá lá breithe; gurbh fhearr léi an t-airgead chun dul agus an 'Titanic' a fheiceáil uair amháin eile.

Téann Donna go dtí an phictiúrlann uair an chloig, ar a laghad, sula dtosaíonn an scannán chun go mbeadh suíochán maith aici.

Cuireann an scannán isteach go mór uirthi agus gach uair a fheiceann sí é téann sí abhaile agus í ag caoineadh.

Tá aithne mhaith, um an dtaca seo, ag úinéirí na pictiúrlainne ar Dhonna agus cuireann siad cóir faoi leith uirthi nuair a thagann sí chun 'Titanic' a fheiceáil. Chomh maith leis sin thaispeáin siad di an tslí a gcuirtear an pictiúr ar an scáileán.

Tá cuid mhór pictiúr bailithe ag Donna anois a bhaineann leis an scannán seo agus tá an caiséad ceoil faighte aici chomh maith.

(i) Cárb as Donna?

_____

(ii) Cén aois í Donna?

_____

(iii) Cé mhéad uair atá an scannán feicthe ag Donna go dtí seo?

_____

(iv) Cén fáth a mbíonn sí ag caoineadh?

_____

(v) Cén fáth a dtéann sí chun an scannán a fheiceáil chomh minic sin?

_____

(Check your answers on page 162)

Na sleachta – Sampla 2

Ceist 3

Léigh an **sliocht** seo a leanas agus freagair na ceisteanna a ghabhann leis. (30 marc)

Marc Scanlon – A Lá Mór

'Seo é an lá is fearr i mo shaol,' arsa Marc Scanlon an lá a bhuaigh sé an bonn óir i gCraobh Shóisear an Domhain sa rothaíocht i Valcenburg san Ísiltír. Ba é an lá sin, an lá ar léirigh sé gurbh é an rothaí sóisearach is fearr ar domhan é. Ba é sin a lá breithe freisin. Bhí sé ocht mbliana déag d'aois an lá sin. Nárbh iontach an bronntanas a fuair sé?

Ina dhiaidh sin agus é ag cur síos ar an éacht a rinne sé, dúirt Marc gur thosaigh sé ag screadaíl le ríméad nuair a thrasnaigh sé an líne ag deireadh an ráis.

'Bhí mé ag screadaíl i dtosach,' a dúirt sé, 'ach ansin nuair a thuig mé go raibh an chraobh buaite agam tháinig saghas eagla orm.'

Is ó Shligeach Marc agus tá sé ag rothaíocht ó bhí sé an-óg. Nuair a bhí sé timpeall cúig bliana déag d'aois d'éirigh sé as a bheith ag imirt peile agus sacair chun díriú ar an rothaíocht. Cheannaigh a athair rothar maith rásaíochta dó.

Bhí sé soiléir go mbeadh Marc ina rothaí den scoth lá éigin.

Thosaigh sé ag traenáil le Club Rothaíochta Shligigh. Ansin ghlac sé páirt i gcomórtais in Oileán Mhanainn agus an bhliain ina dhiaidh sin ghlac sé páirt i gCraobh an Domhain.

Tá súil ag Marc a bheith ina rothaí gairmiúil agus a bheith ar fhoireann mhór Eorpach éigin cosúil leis an dá laoch is mó atá aige, Stephen Roche agus Seán Kelly.

Go n-éirí an t-ádh leis.

(i) Cén aois a bhí Marc an lá a bhuaigh sé Craobh an Domhain?

(ii) Luaigh dhá chluiche a d'imir sé nuair a bhí sé óg.

(iii) Cad a rinne Marc nuair a thrasnaigh sé an líne ag deireadh an ráis?

(iv) Cad leis a bhfuil Marc ag súil?

(v) Cathain a thosaigh sé ag rothaíocht?

(Check your answers on page 162)

Na sleachta – Sampla 3

Ceist 3

Léigh an sliocht seo a leanas agus freagair na ceisteanna a ghabhann leis. (30 marc)

> ## An Bhanaltra agus An Madra
>
> Ó bhí sí an-óg bhí spéis ag Florence Nightingale i gcúrsaí leighis. Bhíodh sí i gcónaí ag súgradh le bábóga — ag ligean uirthi go raibh siad tinn agus ag tabhairt aire dóibh. Thaitin leanaí óga go mór léi freisin, agus bhíodh sí breá sásta agus í ag tabhairt aire dóibh.
>
> Lá amháin bhí Florence amuigh ag marcaíocht ar a capall. Chonaic sí seanfheirmeoir ina shuí ar thaobh an bhóthair agus a mhadra ina luí in aice leis. Bhí brón an domhain ar an seanduine mar bhí cos an mhadra briste. Cheap sé go mbeadh air an madra a chur chun báis. Ach léim Florence anuas dá capall agus tháinig sí i gcabhair air. Chuir sí cléithín agus bindealán ar chos an mhadra, agus níorbh fhada go raibh sé ag rith is ag léimneach timpeall na háite arís.
>
> Nuair a bhí Florence seacht mbliana déag d'aois fuair sí 'glaoch ó Dhia'. Dúirt sí gur labhair Dia léi ar 7 Feabhra 1837. Dúirt Dia léi go raibh obair speisialta le déanamh aici. Ní raibh tuairim aici cén 'obair speisialta' a bhí i ndán di. Níorbh fhada go ndearna sí dearmad ar fhocail Dé, áfach. Bhí Florence ceithre bliana is fiche faoin am ar thuig sí go raibh sí le bheith ina banaltra.
>
> Cap an t-ainm a bhí ar an madra a shábháil sí an lá sin; agus na blianta ina dhiaidh sin, nuair a bhí Florence Nightingale ina banaltra cháiliúil, bhí an-bhród ar an seanfheirmeoir. Bhíodh sé á rá lena chairde gurbh é Cap a céad othar!
>
> As *Mná as an nGnáth* le hÁine Ní Ghlinn.

(i) Ainmnigh caitheamh aimsire a bhí ag Florence nuair a bhí sí óg.

_____

(ii) Cad a chuir brón ar an seanfheirmeoir?

_____

(iii) Tháinig Florence i gcabhair ar an seanfheirmeoir sin. Cad a rinne sí?

_____

(iv) Fuair Florence 'glaoch ó Dhia'. Cad a bhí le rá ag Dia léi, dár léi?

_____

(v) Cén obair a bhí ar siúl ag Florence nuair a d'fhás sí suas?

_____

(Check your answers on page 162)

Na sleachta – Sampla 4

Ceist 3

Léigh an sliocht seo a leanas agus freagair na ceisteanna a ghabhann leis. (30 marc)

Jack Charlton: Cén sórt duine é?

Nuair a rugadh Jack Charlton in Ashington, Northumberland, ar 8 Bealtaine 1935, bhí an saol an-chrua ar fad. Mianadóir ba ea a athair, Bob, a d'oibrigh ó mhaidin go hoíche chun bia a chur ar fáil dá bhean, Cissie, agus dá gclann. Nuair a d'fhág Jack an scoil agus é cúig bliana déag d'aois, thosaigh sé féin ag obair thíos sa mhianach ag greamú ticéad de vaigíní guail. Trí phunt in aghaidh na seachtaine an pá a bhíodh á fháil aige.

Ina dhiaidh sin d'imigh sé chuig Leeds United mar phrintíseach. Ba é an obair a bhí le déanamh aige ansin ná na leithris a ghlanadh agus buataisí na bpeileadóirí eile a shnasú!

Nuair a fuair Jack a sheans leis an bpríomhfhoireann a bhí ag Leeds United, d'éirigh thar cionn leis. Chomh maith le raidhse mhór bonn a bhuachan le Leeds, bhí Jack ar an bhfoireann a bhuaigh Corn an Domhain do Shasana sa bhliain 1966. Bhí a dheartháir, Bobby, ar an bhfoireann chéanna. Ansin, sa bhliain 1967, ainmníodh Jack mar Pheileadóir na Bliana. Ach níor tháinig éirí in airde riamh air.

As *Mahogany Gaspipe*.

Gluais

mianach: *mine*
printíseach: *apprentice*
éirí in airde: *vanity*

(i) Cén lá breithe atá ag Jack Charlton?

(ii) Cén post a bhí ag a athair?

(iii) Cad a rinne Jack nuair a bhí sé cúig bliana déag d'aois?

(iv) Cén obair a bhíodh le déanamh aige agus é ina phrintíseach le Leeds United?

(v) Cad nár tháinig ar Jack Charlton riamh?

(Check your answers on page 163)

Na sleachta – Sampla 5

Ceist 3

Léigh an sliocht seo a leanas agus freagair na ceisteanna a ghabhann leis. (30 marc)

François Mitterand

Tá François Mitterand, iar-uachtarán na Fraince agus duine de mhórpholaiteoirí na hEorpa, tar éis bás a fháil.

Rugadh Mitterand in Jarnac in oirdheisceart na Fraince ar 26 Deireadh Fómhair 1916. Bhain sé céim amach sa dlí in Ollscoil Pháras sna tríochaidí. Chaith sé tréimhse le linn an chogaidh ag obair do rialtas Vichy, an rialtas a raibh tacaíocht na Gearmáine aige, cé nár labhair sé riamh faoin gcuid chonspóideach sin dá shaol go dtí le gairid.

Tar éis an chogaidh rinne sé tuilleadh dul chun cinn sa pholaitíocht, agus bhí sé ina aire ar ranna éagsúla rialtais deich n-uaire. Ghlac sé páirt i dtoghcháin uachtaránachta na Fraince ón mbliain 1965 i leith, ach níor éirigh leis an bua a fháil go dtí 1981. Thaispeáin sé tuiscint agus bá d'Éirinn i gcónaí.

Chaith sé dhá théarma mar uachtarán na Fraince, go dtí mí na Bealtaine 1995, cé go raibh ailse ag cur isteach air sna blianta deireanacha.

Bhí sé pósta le Danielle Gouze ar feadh breis is caoga bliain, agus bhí beirt mhac acu.

Gluais

| tuilleadh: *more* | ailse: *cancer* |

(i) Cé a fuair bás?

_____

(ii) Cár rugadh François Mitterand?

_____

(iii) Cathain a d'fhreastail sé ar Ollscoil Pháras?

_____

(iv) Cad a rinne sé tar éis an chogaidh?

_____

(v) Cé mhéad téarma a chaith sé mar uachtarán na Fraince?

_____

(Check your answers on page 163)

Na sleachta – Sampla 6

Ceist 3

Léigh an sliocht seo a leanas agus freagair na ceisteanna a ghabhann leis. (30 marc)

BEAN INA RÉITEOIR RUGBAÍ

Tá Bridget Gee ina cónaí sa Nua-Shéalainn. Ní raibh suim dá laghad aici uair amháin i gcúrsaí spóirt: b'fhearr léi leabhar a léamh ná dul chuig cluiche rugbaí, faoi mar a dhéanadh a cairde go léir, idir bhuachaillí agus chailíní.

Ach ansin, lá amháin trí bliana ó shin agus í ar cuairt i dteach a carad, bhí muintir an tí go léir ag féachaint ar chluiche rugbaí ar an teilifís. Bhí an fhoireann cháiliúil sin na All Blacks ag imirt an lá céanna. Níorbh iad na himreoirí, áfach, ba spéis le Bridget ach an réiteoir. Ní raibh a ghnó á dhéanamh i gceart aige sin, dar léi, agus bhí sí ar buile leis. 'Is fearr go mór a dhéanfainn féin an jab ná an t-amadán sin,' ar sise.

Ón lá sin amach bhíodh Bridget i láthair ag cluichí rugbaí níos minicí ná aon duine dá cairde. Ní hamháin sin ach rinne sí corpoideachas agus traenáil speisialta, agus súil aici go mbeadh sí féin ina réiteoir lá éigin.

Anois agus í sé bliana is fiche d'aois, tá meas mór ar Bridget Gee ar fud na Nua-Shéalainne go léir mar réiteoir. Bíonn sí i gceannas go minic ar chluichí rugbaí faoi 20. Le déanaí iarradh uirthi a bheith mar réiteoir ag an gcluiche ceannais de chomórtas rugbaí na n-ollscoileanna sa Fhrainc.

Thar aon rud eile anois tá súil ag Bridget go dtiocfaidh an lá a mbeidh sí i gceannas ar cheann de chluichí móra Chomórtas na gCúig Náisiún i gCaerdydd na Breataine Bige. Ach ar dtús, dar le Bridget, caithfear roinnt de na rialacha atá ann anois a athrú: faoi láthair, mar shampla, níl cead ag bean ar bith a bheith i láthair ag an mbéile a bhíonn ag na himreoirí agus na hoifigigh tar éis cluiche mhóir!

Gluais

| réiteoir: *referee* | Comórtas na gCúig Náisiún: *Five Nations Competition* |

(i) Cad é an caitheamh aimsire a bhí ag Bridget Gee, de réir an chéad ailt den sliocht?

___

(ii) Cá raibh Bridget agus í ag féachaint ar na All Blacks ar an teilifís?

___

(iii) Cén fáth a raibh fearg uirthi agus í ag féachaint ar an teilifís an lá sin?

___

(iv) Cén t-athrú a tháinig ar shaol Bridget ón lá sin amach?

___

(v) Cá bhfios dúinn go bhfuil Bridget go maith mar réiteoir?

___

(Check your answers on page 163)

Na sleachta – Sampla 7

Ceist 3

Léigh an sliocht seo a leanas agus freagair na ceisteanna a ghabhann leis. (30 marc)

Leonardo agus na héin

Péintéir iontach ba ea Leonardo da Vinci. Ní hamháin sin ach bhí sé oilte ar mhatamaitic, ar eolaíocht agus ar innealtóireacht chomh maith. Mhair sé san Iodáil sa chúigiú haois déag. Is beag duine i stair an domhain a bhí chomh cumasach leis.

Nuair a bhí sé fós óg rinne Leonardo péintéireacht do dhuine saibhir, agus tugadh dornán maith airgid dó mar luach saothair. Ghlaoigh sé ar chara leis láithreach, agus as go brách leo beirt chun an mhargaidh. Is ansin a chonaic sé rud a chuir fearg air: éin bheaga istigh i gcliabháin. Bhí na rudaí beaga go hainnis agus iad ag greadadh a sciathán ag iarraidh éalú. Fear mór láidir ba ea Leonardo — bhí sé in ann crú capaill a lúbadh idir lámha féitheacha. Ach ba dhuine cneasta séimh é freisin, agus cion aige ar gach créatúr dar chruthaigh Dia. Mheas cara Leonardo go gceannódh sé milseáin nó torthaí leis an airgead, ach bhí dul amú air. Is é a cheannaigh sé ná oiread agus ab fhéidir leis de na héin bheaga. Thug sé leis iad suas go barr cnoic, d'oscail na cliabháin, agus lig saor na créatúir bhochta. Rinne Leonardo staidéar cruinn ina dhiaidh sin ar eitilt na n-éan, agus bhí sé cinnte go mbeadh an duine in ann eitilt lá éigin. B'shin cúig chéad bliain ó shin!

Gluais

oilte ar: *skilled in*	feitheach: *muscular*

(i) Luaitear trí ábhar scoile sa chéad alt. Ainmnigh *dhá cheann* díobh.

(ii) Cad a tháinig ar Leonardo nuair a chonaic sé na héin i dtosach?

(iii) Bhí Leonardo an-láidir. Cad tá sa sliocht faoi sin?

(iv) Céard a rinne sé leis na héin ag barr an chnoic?

(v) Cheap Leonardo go mbeadh an duine in ann rud iontach a dhéanamh lá éigin. Cén rud é sin?

(Check your answers on page 163)

Na sleachta – Sampla 8

Ceist 3

Léigh an sliocht seo a leanas agus freagair na ceisteanna a ghabhann leis. (30 marc)

BIG MAC – ACH BEAGMHEAS

Ní bheidh fáilte uilíoch roimh an Big Mac san India. Is masla í samhail seo na nua-aoise don tromlach Hiondúch ann mar gur ainmhí beannaithe í an bhó dóibh.

Mar sin féin, thug an rialtas cead don chomhlacht McDonald's bialann a oscailt in Delhi, beag beann ar an gcreideamh Hiondúch. Dar le bunreacht na hIndia is tír iolraíoch neamhchléireach í. Deir lucht cáinte an bhunreachta go bhfuil páirtí an rialtais ag iarraidh vótaí an mhionlaigh Ioslamaigh a mhealladh. Tá agóidí móra ar na sráideanna á bpleanáil ag an bhfreasúra má bheartaíonn muintir McDonald's ar an mbialann a oscailt.

Tá fadhb eile fós in Delhi mar thoradh ar gheis seo na Hiondúch. Tá bóithre na príomhchathrach beo le beithígh agus toirmeasc ar dhaoine an ruaig a chur orthu. Luíonn siad amuigh ar na príomhbhóithre, agus is cúis mhór timpistí iad. Itheann siad torthaí agus glasraí ó na stainníní, ach tá drogall ar na díoltóirí sráide iad a dhíbirt.

Déantar iarracht ar na beithígh a locadh i ndeireadh na hoíche agus iad a athlonnú taobh amuigh den chathair. Is iondúil, áfach, go n-éiríonn leo a mbealach a dhéanamh ar ais.

Gluais

uilíoch: *universal*
beagmheas: *little respect*
tromlach: *majority*
geis: *taboo*
toirmeasc: *prohibition*

(i) Cén áit nach mbeidh fáilte ann roimh bhialann McDonald's?

_____

(ii) Cén cead a thug an rialtas do mhuintir McDonald's?

_____

(iii) Cén t-ainmhí atá beannaithe dar leis an tromlach Hiondúch?

_____

(iv) Cad a dhéanfaidh an freasúra má bheartaíonn muintir McDonald's ar an mbialann a oscailt?

_____

(v) Cén fhadhb eile atá acu in Delhi?

_____

(Check your answers on page 164)

Na sleachta – Sampla 9

Ceist 3

Léigh an sliocht seo a leanas agus freagair na ceisteanna a ghabhann leis. (30 marc)

BRAM STOKER, 'ATHAIR DRACULA'

I mBaile Átha Cliath i ndeireadh an chéid seo caite bhíodh fear ag siúl na sráideanna go déanach san oíche. Fear mór ard a bhí ann, clóca dorcha ar a ghuaillí agus hata leathan dubh ar a cheann. Bhí daoine ag ceapadh gur ghealt a bhí san fhear mór ard seo, nó dúnmharfóir nó gadaí, b'fhéidir, a raibh smaoineamh dorcha éigin ar a aigne aige.

Ach ní raibh an ceart ag aon duine acu. Abraham (Bram) Stoker ab ainm don fhear mór ard seo, agus údar ba ea é. Bhí sé ag smaoineamh ar leabhar nua a scríobh: *Dracula*.

Ach cad a chuir scéal Dracula i gcloigeann Bram Stoker i dtosach? Bhí daoine á rá gur ith sé portán agus gur tháinig tromluí air. Ach ba é an rud a tharla ná gur tháinig fear ait chun dinnéir chuige oíche amháin sa bhliain 1890. An tOllamh Vanberry ab ainm dó. Ungárach ba ea é. Bhí fiche teanga ar eolas ag Vanberry, agus bhí scéalta uafásacha aige faoi dhaoine nach bhfuair bás riamh ach a d'fhan beo ar fhuil daoine eile.

Níor mhair Bram chun an chlú a bhain *Dracula* amach a fheiceáil; ach bhí an-tóir ar an dráma a rinneadh as níos déanaí. Bhíodh ar na hamharclanna banaltraí a chur ar fáil nuair a bhíodh *Dracula* á léiriú mar bhíodh an oiread daoine ag titim i lagar i rith an dráma. Agus ó shin i leith tá na milliúin duine á scanrú ag Bram Stoker, an buachaill scáfar úd as Cluain Tarbh i mBaile Átha Cliath, nó ag an vaimpír bhradach a chruthaigh sé, Dracula.

As *Zozimus agus a Chairde* le Vivian Uíbh Eachach.

Gluais

gealt: *a person who is insane*
tromluí: *nightmare*
Ungárach: *Hungarian*

(i) Cén uair a bhíodh an 'fear mór ard' seo ag siúl na sráideanna?

_____

(ii) Cén chaoi a raibh an fear mór seo gléasta?

_____

(iii) Cad a bhí i gceist ag Bram Stoker a dhéanamh ag an am sin?

_____

(iv) Cad a chuir scéal Dracula i gcloigeann Bram Stoker, an dóigh leat?

_____

(v) Cén fáth ar chuir na hamharclanna banaltraí ar fáil nuair a bhíodh *Dracula* á léiriú acu?

_____

(Check your answers on page 164)

Na sleachta – Sampla 10

Ceist 3

Léigh an sliocht seo a leanas agus freagair na ceisteanna a ghabhann leis. (30 marc)

FUNGI – Deilf iontach An Daingin

I mí Bealtaine 1994 ní mór an fháilte a bhí ag muintir an Daingin roimh an gcuairteoir neamhchoitianta a bhuail chucu. An lá breá samhraidh sin bhí slua mór ar an trá agus bhí cuid mhaith daoine ag snámh nó ag lapadaíl san uisce.

Tháinig eagla uafásach ar gach aon duine nuair a chonaic siad eite dhubh ag gobadh aníos as an uisce agus í ag déanamh go tapa isteach orthu. Siorc mór millteach ar nós Jaws a bhí chucu, dar leo! Ní nach ionadh, i gceann cúpla soicind ní raibh duine ar bith le feiceáil san uisce.

'Ní bheidh sé sábháilte dul ag snámh!' 'Ní féidir páistí a ligean ar an trá!' Sin iad na rudaí a bhí á rá ag na daoine. Ach nach orthu a bhí an dul amú! Ar ndóigh, níorbh aon siorc fíochmhar a bhí tagtha go Bá an Daingin ach deilf álainn lách.

Is breá leis bheith ag súgradh le snámhóirí nó ag déanamh gleacaíochta timpeall ar na báid a thugann cuairteoirí amach ag féachaint air.

Fungi an t-ainm a thugann muintir na háite ar an deilf, agus ceaptar go bhfuil sé tar éis breis agus 100,000 cuairteoir a mheallladh go dtí an Daingean cheana féin.

Scríobhadh cúpla leabhar agus rinneadh scannán teilifíse faoin deilf cháiliúil. Agus tá cártaí poist, póstaeir agus T-léinte le pictiúr Fungi orthu á ndíol go tiubh i siopaí an Daingin.

Gluais

deilf: *dolphin* gleacaíocht: *gymnastics*

(i) Cathain a tháinig Fungi go Bá an Daingin ar dtús?

_____

(ii) Céard a rinne na daoine a bhí san uisce nuair a chonaic siad an deilf chucu an lá breá samhraidh úd?

_____

(iii) Cén fáth a raibh muintir an Daingin buartha nuair a tháinig Fungi ar dtús?

_____

(iv) Céard a dhéanann Fungi nuair a bhíonn daoine ag snámh in aice leis?

_____

(v) Cén fáth a bhfuil áthas anois ar mhuintir an Daingin gur tháinig Fungi chucu?

_____

(Check your answers on page 164)

4 Ceapadóireacht Ceisteanna 4–6

aims
- Build up a treasure chest of vocabulary and verbs in the correct tense to enable you to write for each of the 3 parts of Roinn 3
- Learn the layout of each format to enable you to get top marks

Preparation
There are **three questions** to be answered in Roinn III of the examination. There is a **choice** in Ceist 6 but **no choice** in Ceist 4 or Ceist 5. All the questions in this section should be answered in your answer book.

Leagan amach: Layout

Ceist 4	Cárta poist (a postcard)
	(20 marc) Allow about 17 minutes
Ceist 5	Any one of the following task may appear in any given year: Teachtaireacht Ríomhphoist (email message)/Blag (blog)/Write an invitation/Reply to an invitation
	(20 marc) Allow about 17 minutes
Ceist 6	(a) Litir nó (b) Alt/Cuntas
	(40 marc) Allow about 25 minutes

Nathanna úsáideacha: Your treasure chest

We include here a small number of *nathanna úsáideacha* (useful phrases) that can be used for the **cárta poist**, **litir**, **alt gairid** and **cuntas a scríobh**. Students should learn approximately **5 nath every week** for a few weeks until a **treasure chest** of words/phrases/expressions has been built up. These nathanna cainte are designed to improve your vocabulary and add to your **saibhreas Gaeilge** (richness of Irish).

exam focus
You are strongly advised to be particularly careful in your use of the tenses of verbs in this section and to note what tenses the questions are written in. Many marks are lost through carelessness in the use of verbs.

Strategy
- Learn 5 *nath* each week.
- Give yourself a *weekly test* and a *monthly test* to see how well you have learned and can remember the *nathanna*.
- Use whatever *nathanna* you have learned in your class work and when doing your homework.

- You will find your standard of Irish will improve rapidly.
- You will also find that your standard of spoken Irish will improve beyond recognition.

Na nathanna

Rian 27

Seachtain 1
- Táim ag ceapadh — *I think*
- Déarfainn — *I'd say*
- Sílim — *I think*
- Creidim — *I believe*
- Measaim — *I consider*

Seachtain 2
- Ar an gcéad dul síos — *first of all*
- Ar aon nós — *anyway*
- Pé scéal é — *in any case*
- Dála an scéil — *by the way*
- Ar nós na gaoithe — *quickly, like the wind*

Seachtain 3
- Bhuel — *well*
- Is fíor sin — *that's true*
- Níl bréag ar bith ansin — *there's no lie in that*
- Chun an fhírinne a insint/a rá — *to tell the truth*
- Níl a fhios agam ó thalamh an domhain — *I have no idea whatsoever*

Seachtain 4
- Dar m'anam — *upon my soul*
- Go háirithe — *especially*
- Dáiríre — *really*
- Creid é nó ná creid — *believe it or not*
- Go deo na ndeor — *for ever and ever*

Seachtain 5
- Is breá liom — *I like*
- Is aoibhinn liom — *I really like*
- Tá mé craiceáilte faoi — *I'm crazy about*
- Is fuath liom — *I hate*
- Is gráin liom — *I detest*

Seachtain 6
- Lá breá brothallach — *a fine warm day*
- Bhí an ghrian ag spalpadh anuas — *the sun was beaming down*
- Bhí sé ag stealladh báistí — *it was pouring rain*
- Oíche sheaca a bhí ann — *it was a frosty night*
- Ní raibh oiread agus puth gaoithe ag séideadh — *there wasn't a breath of wind blowing*

Seachtain 7
- Mar a dúirt mé cheana — *as I said before*
- Cuir i gcás — *for example*
- Go sábhála Dia muid — *God save us*
- Le cúnamh Dé — *with the help of God*
- Buíochas le Dia — *thanks be to God*

Seachtain 8
- Sa lá atá inniu ann — *nowadays*
- Faoi láthair — *at present*
- I láthair na huaire — *at the present time*
- Na laethanta seo — *these days*
- Le déanaí — *lately*

Seachtain 9
- Amach anseo — *in the future*
- Sa todhchaí — *in (the) future*
- Ar ball, ar ball beag — *in a while*
- Gan rómhoill — *without much delay*
- San am atá le teacht — *in the future*

Seachtain 10
Chomh maith leis sin — *as well as that*
Go mór mór — *especially*
Ar nós — *such as, for example*
Ag an am céanna — *at the same time*
I dtús báire — *first of all*

What to do next

Now that you have learned the **nathanna cainte**, or at least **some of them**, you should **practise using them**. I have often found, when using this method in class, that students are great at learning the **nathanna úsáideacha but** they often forget **to use them** when they are actually writing a composition. This is because they get so caught up and involved in the content of the composition that they often forget all about the **nathanna** (**saibhreas**). To solve this problem I get students to do **Obair Gharbh** or rough work before doing their compositions because when students see these **words/phrases written up in front of them as Obair Gharbh** then they will **definitely use most of them**.

Ceist 4: Cárta poist

As stated previously, you should make good use of the **nathanna úsáideacha** — your Treasure Chest of useful phrases and expressions — when preparing for and answering the '**cárta poist**' question, and use as many of them as you can remember and where suitable. The vocabulary on **page 96** should also be of benefit when answering this question. We would also ask you to give particular attention to the **irregular verb feature (page 168)**.

Vocabulary for cárta poist

Foclóir	
A Mhamaí, A Dhadaí, A Sheáin, A Mháire	*Dear Mam, Dad, Seán, Mary*
Conas atá sibh/tú?	*How are you (plural)/you?*
Tá mé ar laethanta saoire i …	*I'm on holidays in …*
Tá mé anseo i gConamara	*I'm here in Conamara*
Tá mé ar chúrsa anseo sa Ghaeltacht	*I'm on a course here in the Gaeltacht*
Táim ag scríobh chugat ó theach m'uncail	*I'm writing to you from my uncle's house*
Táim anseo ar feadh seachtaine/coicíse	*I'm here for a week/fortnight*
Bhí an turas ar fheabhas	*The journey was great*
Tá an aimsir go hálainn/go huafásach	*The weather is lovely/awful*
Tá gach éinne an-chairdiúil	*Everyone is very friendly*
Níl na daoine róchairdiúil	*The people are not too friendly*
Tá an bia ceart go leor	*The food is okay*
Tá an bia lofa	*The food is rotten*
Fillfidh mé abhaile De hAoine seo chugainn	*I'll return home next Friday*

Now

1. Study the **worked examples** that follow these instructions and learn the **technique** for answering this question.
2. Then answer the **cárta poist** questions that follow the **worked examples**.
3. You should answer one '**cárta poist**' question every week/two weeks.

Ceist 4: Worked examples

Cárta poist: Worked example 1

Ceist 4

Tá tú ar thuras le do chlub óige áit éigin in Éirinn. Scríobh **cárta poist** chuig do chara. Luaigh na pointí seo a leanas ar an gcárta:
- an t-am a shroich tú an áit
- rud amháin a rinne tú a thaitin leat
- an aimsir
- cá bhfuil tú ag fanacht
- cathain a fhillfidh tú

Scríobh an freagra sa bhosca anseo thíos. (20 marc)

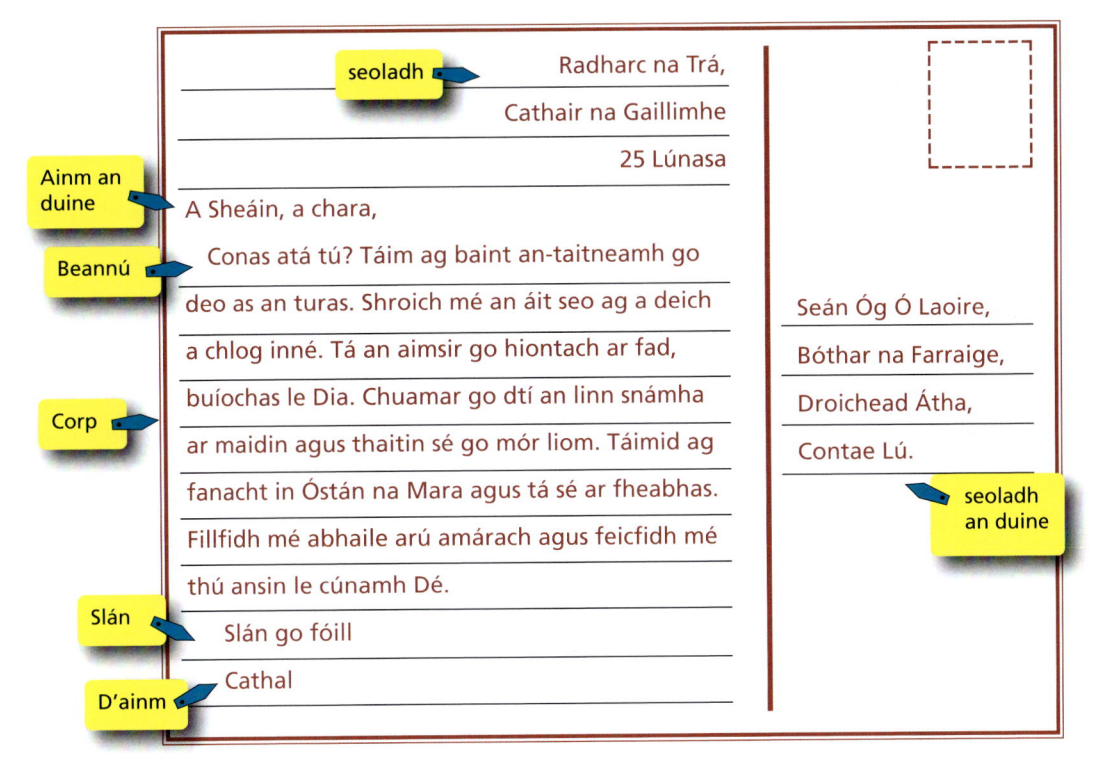

---

seoladh

Radharc na Trá,
Cathair na Gaillimhe
25 Lúnasa

Ainm an duine

A Sheáin, a chara,

Beannú

Conas atá tú? Táim ag baint an-taitneamh go deo as an turas. Shroich mé an áit seo ag a deich a chlog inné. Tá an aimsir go hiontach ar fad, buíochas le Dia. Chuamar go dtí an linn snámha ar maidin agus thaitin sé go mór liom. Táimid ag fanacht in Óstán na Mara agus tá sé ar fheabhas. Fillfidh mé abhaile arú amárach agus feicfidh mé thú ansin le cúnamh Dé.

Corp

Slán go fóill

Slán

Cathal

D'ainm

Seán Óg Ó Laoire,
Bóthar na Farraige,
Droichead Átha,
Contae Lú.

seoladh an duine

Gluais

an-taitneamh: *great enjoyment*
shroich mé: *I reached*
arú amárach: *the day after tomorrow*
le cúnamh Dé: *with the help of God*

Cárta poist: Worked example 2

Ceist 4

Tá tú ar thuras scoile i dtír éigin eile. Scríobh cárta poist chuig do dheirfiúr.
Luaigh na pointí seo a leanas ar an gcárta:
- an turas ar an eitleán
- rud faoin áit a thaitníonn leat
- an aimsir
- bronntanas a cheannaigh tú di
- cén lá a fhillfidh tú

Scríobh an freagra sa bhosca anseo thíos. (20 marc)

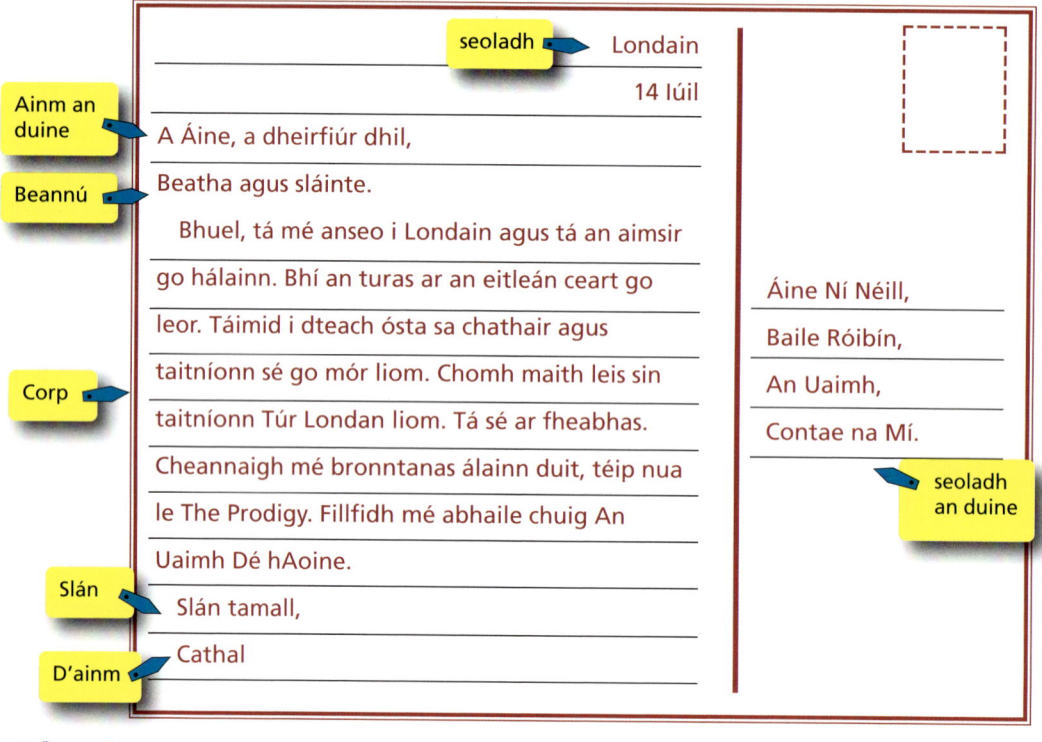

---

seoladh → Londain

14 Iúil

Ainm an duine → A Áine, a dheirfiúr dhil,

Beannú → Beatha agus sláinte.

Corp →
Bhuel, tá mé anseo i Londain agus tá an aimsir go hálainn. Bhí an turas ar an eitleán ceart go leor. Táimid i dteach ósta sa chathair agus taitníonn sé go mór liom. Chomh maith leis sin taitníonn Túr Londan liom. Tá sé ar fheabhas. Cheannaigh mé bronntanas álainn duit, téip nua le The Prodigy. Fillfidh mé abhaile chuig An Uaimh Dé hAoine.

Slán → Slán tamall,

D'ainm → Cathal

seoladh an duine:
Áine Ní Néill,
Baile Róibín,
An Uaimh,
Contae na Mí.

Gluais

ceart go leor: *good enough, fine*
teach ósta: *hotel*
chomh maith leis sin: *as well as that*
Túr Londan: *The Tower of London*
Fillfidh mé: *I'll return*

Cárta poist: Worked example 3

Ceist 4

Tá tú ar thuras le do chara in áit éigin in Éirinn. Scríobh cárta poist chuig do thuismitheoirí.
Luaigh na pointí seo a leanas ar an gcárta:
- an turas go dtí an áit sin
- rud éigin a rinne sibh
- an aimsir
- duine suimiúil a bhuail libh
- cathain a fhillfidh tú abhaile

Scríobh an freagra sa bhosca anseo thíos. (20 marc)

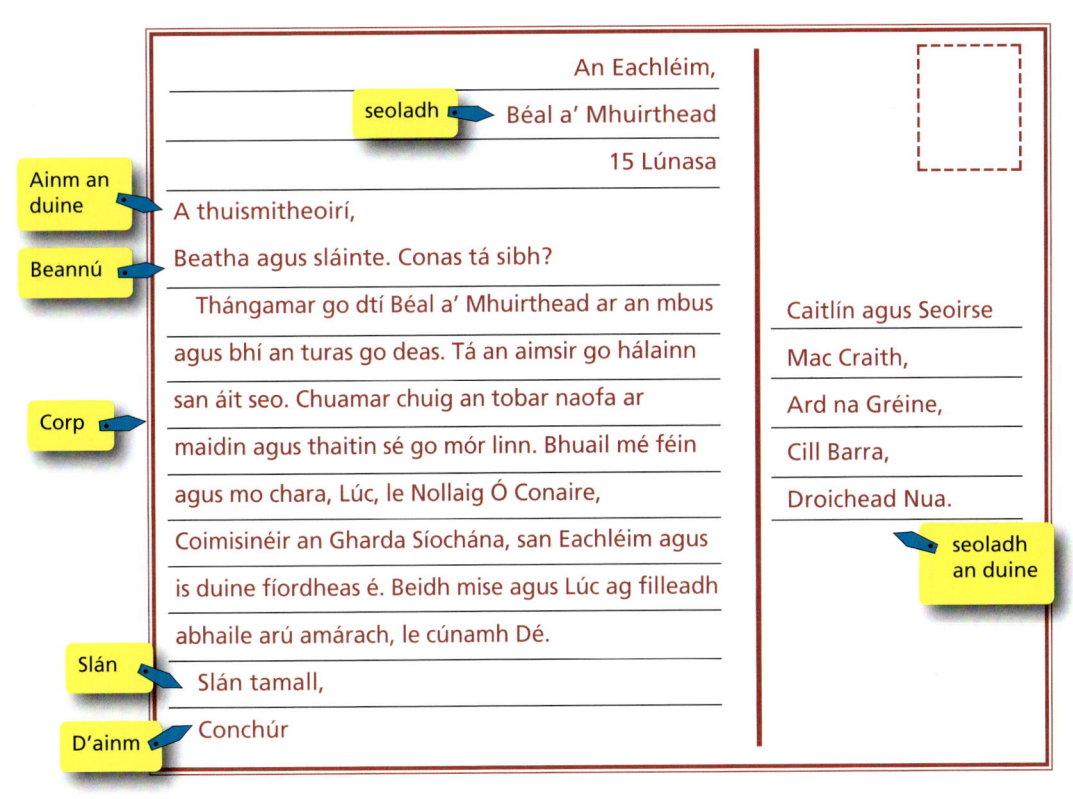

---

seoladh:
An Eachléim,
Béal a' Mhuirthead
15 Lúnasa

Ainm an duine: A thuismitheoirí,

Beannú: Beatha agus sláinte. Conas tá sibh?

Corp: Thángamar go dtí Béal a' Mhuirthead ar an mbus agus bhí an turas go deas. Tá an aimsir go hálainn san áit seo. Chuamar chuig an tobar naofa ar maidin agus thaitin sé go mór linn. Bhuail mé féin agus mo chara, Lúc, le Nollaig Ó Conaire, Coimisinéir an Gharda Síochána, san Eachléim agus is duine fíordheas é. Beidh mise agus Lúc ag filleadh abhaile arú amárach, le cúnamh Dé.

Slán: Slán tamall,

D'ainm: Conchúr

seoladh an duine:
Caitlín agus Seoirse Mac Craith,
Ard na Gréine,
Cill Barra,
Droichead Nua.

Gluais

thángamar: *we came*
tobar naofa: *holy well*
duine fíordheas: *a really nice person*

Cárta poist: Worked example 4

Ceist 4

Tá tú ag freastal ar choláiste Gaeilge le do chara. Scríobh cárta poist chuig do dheartháir.
Luaigh na pointí seo a leanas ar an gcárta:
- an t-am a shroich sibh an coláiste
- rud éigin faoi na ranganna
- an aimsir
- cén caitheamh aimsire atá agaibh ar an gcúrsa
- cathain a fheicfidh tú den chéad uair eile é

Scríobh an freagra sa bhosca anseo thíos. (20 marc)

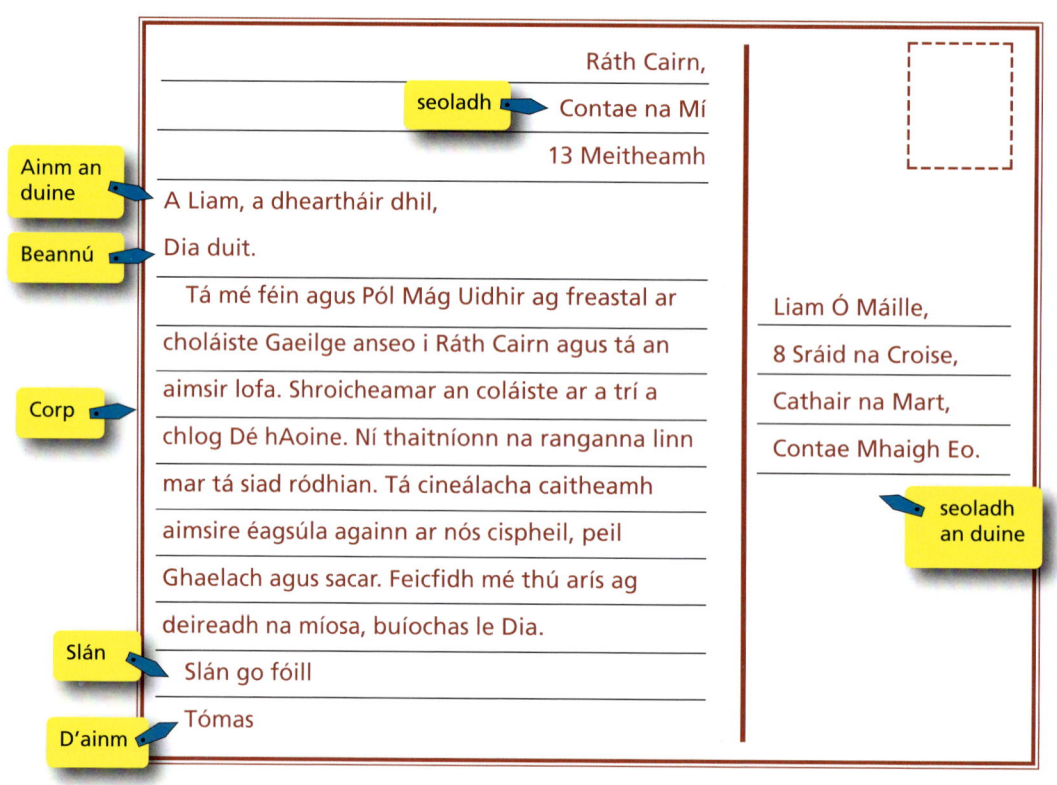

---

seoladh:
Ráth Cairn,
Contae na Mí
13 Meitheamh

Ainm an duine: A Liam, a dheartháir dhil,

Beannú: Dia duit.

Corp:
Tá mé féin agus Pól Mág Uidhir ag freastal ar choláiste Gaeilge anseo i Ráth Cairn agus tá an aimsir lofa. Shroicheamar an coláiste ar a trí a chlog Dé hAoine. Ní thaitníonn na ranganna linn mar tá siad ródhian. Tá cineálacha caitheamh aimsire éagsúla againn ar nós cispheil, peil Ghaelach agus sacar. Feicfidh mé thú arís ag deireadh na míosa, buíochas le Dia.

Slán: Slán go fóill

D'ainm: Tómas

seoladh an duine:
Liam Ó Máille,
8 Sráid na Croise,
Cathair na Mart,
Contae Mhaigh Eo.

Gluais

lofa: *rotten*
ródhian: *too difficult/hard*
caitheamh aimsire éagsúla: *various pastimes*
ar nós: *such as*

Obair duit féin: Sampla 1–10

Cárta poist – Sampla 1

Ceist 4

Tá tú ar laethanta saoire i dteach d'aintín. Scríobh **cárta poist** chuig cara leat. Luaigh na pointí seo a leanas:
- an aimsir
- an chabhair a thugann tú do d'aintín
- cara nua ar bhuail tú leis nó léi
- rud éigin a cheannaigh tú
- cathain a bheas tú ag filleadh abhaile

Scríobh an freagra sa bhosca anseo thíos. (20 marc)

exam focus: Ní mór na freagraí ar na ceisteanna sa Roinn seo a scríobh sa fhreagarleabhar a fuair tú ón bhFeitheoir.

Cárta poist – Sampla 2

Ceist 4

Tá tú ar thuras scoile i gcathair éigin in Éirinn (Corcaigh, **nó** Gaillimh, **nó** Baile Átha Cliath, b'fhéidir). Scríobh **cárta poist** chuig cara leat atá sa bhaile. Luaigh na pointí seo a leanas ar an gcárta:
- an turas go dtí an chathair sin
- an áit ina bhfuil sibh ag fanacht
- an aimsir
- cluiche a bhí agaibh le scoil eile
- cén uair a fheicfidh tú do chara arís

Scríobh an freagra sa bhosca anseo thíos. (20 marc)

Cárta poist – Sampla 3

Ceist 4

Chuaigh an teaghlach ag campáil i gCorcaigh. Scríobh **cárta poist** chuig cara leat. Luaigh na pointí seo a leanas:
- an aimsir
- an áit ina bhfuil sibh ag campáil
- rud éigin greannmhar a tharla duit
- rud éigin a cheannaigh tú
- cén uair a bheas sibh ag filleadh abhaile.

Scríobh an freagra sa bhosca anseo thíos. (20 marc)

Cárta poist – Sampla 4

Ceist 4

Tá tú ar laethanta saoire in áit éigin in Éirinn. Scríobh **cárta poist** chuig cara leat sa bhaile.
Luaigh na pointí seo a leanas:
- an áit a bhfuil tú
- an turas go dtí an áit
- rud éigin faoi dhioscó
- rud éigin a cheannaigh tú
- cén uair a bheas sibh ag filleadh abhaile.

Scríobh an freagra sa bhosca anseo thíos. (20 marc)

Cárta poist – Sampla 5

Ceist 4

Ta tú ar thuras scoile thar lear. Scríobh **_cárta poist_** chuig cara leat sa bhaile. Luaigh na pointí seo a leanas:
- an turas go dtí an tír sin
- an t-óstán ina bhfuil tú ag fanacht
- an aimsir
- mar a chaith tú d'airgead póca go dtí seo
- cén uair a bheas tú ag teacht abhaile.

Scríobh an freagra sa bhosca anseo thíos. (20 marc)

Cárta poist – Sampla 6

Ceist 4

Tá tú ag freastal ar Choláiste Samhraidh sa Ghaeltacht. Scríobh **cárta poist** chuig cara leat atá sa bhaile.

Luaigh na pointí seo a leanas:
- an teach ina bhfuil tú ag fanacht
- an ceantar ina bhfuil an coláiste suite
- daltaí eile atá ag freastal ar an gcoláiste
- an aimsir
- an caitheamh aimsire agus an spraoi a bhíonn agat

Scríobh an freagra sa bhosca anseo thíos. (20 marc)

Cárta poist – Sampla 7

Ceist 4

Tá tusa agus do rang scoile ar thuras sa Fhrainc. Scríobh **cárta poist** chuig do thuismitheoirí.

Luaigh na pointí seo a leanas:
- an turas go dtí an Fhrainc
- na radhairc ansin
- an bia
- rud éigin a cheannaigh tú
- cathain a bheas tú ag filleadh abhaile

Scríobh an freagra sa bhosca anseo thíos. (20 marc)

Cárta poist – Sampla 8

Ceist 4

Tá tú ar laethanta saoire le do thuismitheoirí faoin tuath. Scríobh *cárta poist* chuig do chara.

Luaigh na pointí seo a leanas:
- an áit ina bhfuil sibh ag fanacht
- an aimsir
- rud éigin greannmhar a tharla duit
- na radhairc atá le feiceáil san áit
- cathain a bheas tú ag filleadh abhaile.

Scríobh an freagra sa bhosca anseo thíos. (20 marc)

Cárta poist – Sampla 9

Ceist 4

Tá tú féin agus do rang ar thuras scoile i Londain. Scríobh **cárta poist** chuig cara leat. Luaigh na pointí seo a leanas:

- an turas go Londain
- an áit ina bhfuil sibh ag fanacht
- na siopaí agus an bia
- na radhairc atá le feiceáil
- cén uair a bheas sibh ag filleadh abhaile

Scríobh an freagra sa bhosca anseo thíos. (20 marc)

Cárta poist – Sampla 10

Ceist 4

Tá tú ar laethanta saoire ar fheirm d'uncail. Scríobh **_cárta poist_** chuig cara leat. Luaigh na pointí seo a leanas:
- an áit a bhfuil tú
- an chabhair a thugann tú do d'uncail
- na hainmhithe atá ar an bhfeirm
- cén uair a bheas tú ag filleadh abhaile.

Scríobh an freagra sa bhosca anseo thíos. (20 marc)

Ceist 5: Teachtaireacht Ríomhphoist/Blag

This is a new addition to the course, but it is very similar to the **Nóta** question which it replaces.

How to do question 5

Four drawings are given on the exam paper. In addition some pieces of information are given underneath the pictures. You are asked to write an email/blog/invitation/response to invitation based on the pictures and on the pieces of information provided.

Guidelines

- Your email/blog should be **laid out** carefully and tidily.
- You should write **short sentences**, paying particular attention also to the **correct tense**.
- Make sure you write something about all the points mentioned in the question.
- Emails/blogs will usually be about an answer to an invitation, making an excuse about something or giving an explanation.

Vocabulary

You should pay particular attention to the **Nathanna úsáideacha**: Your **treasure chest** of useful phrases (p. 69) when preparing to answer this question.

What to do next

1. Study the worked examples that follow these instructions and learn the technique for answering this question.
2. Then do the sample questions that follow the worked examples.

Ceist 5: Worked examples

Teachtaireacht Ríomhphoist: Worked example 1

Ceist 5

Is tusa Sam nó Sorcha sna pictiúir thíos. Tá do Mhamaí ag obair agus ní bheidh sí sa bhaile go dtí 8.00 p.m. Cuir **teachtaireacht ríomhphoist** chuig do mháthair ag míniú an scéil di. (20 marc)

Pictiúr 1	Pictiúr 2	Pictiúr 3	Pictiúr 4
Obair bhaile	Madra	Teachtaireacht ríomhphoist	Ag siúl leis an madra go dtí an pháirc

Luaigh i do **theachtaireacht**:
- Cad a bhí ar siúl agaibh sa seomra (**Pictiúr 1**)
- Cad a tharla ansin (**Pictiúr 2**)
- Cá bhfuil sibh imithe agus cad atá ar siúl agaibh (**Pictiúr 4**)

Teachtaireacht Ríomhphoist

A Mhamaí,

Sam anseo. Bhí mise agus Sorcha ag déanamh obair bhaile. Léim an madra, Rover, suas ar an mbord. Nílim ábalta mo chuid obair bhaile a dhéanamh anois mar gheall ar Rover. Tá mise agus Sorcha ag siúl le Rover go dtí an pháirc ar feadh tamall.

Beimid ar ais go luath, slán go fóill.

Teachtaireacht Ríomhphoist: Worked example 2

Ceist 5

Is tusa Sorcha sna pictiúir thíos. Tharla timpiste do Dhónal óg. Cuir **teachtaireacht ríomhphoist** chuig d'athair ag míniú an scéil dó. (20 marc)

Pictiúr 1	Pictiúr 2	Pictiúr 3	Pictiúr 4
Timpiste sa teach	Ar an nguthán	Teachtaireacht ríomhphoist	Ag an ospidéal

Luaigh i do **theachtaireacht**:
- Cad a tharla do Dhónal Óg (**Pictiúr 1**)
- Cad rinne Sorcha (**Pictiúr 2**)
- Cad a tharla ag an ospidéal (**Pictiúr 4**)

Teachtaireacht Ríomhphoist

A Dhaid,

Sorcha anseo. Tharla timpiste uafásach sa teach. Dhoirt mé cupán tae ar an mbord agus ghortaigh mé Dónal. Chuir mé fios ar an otharcharr agus thug siad Dónal agus mé féin go dtí an t-ospidéal. Chuir an bhanaltra bindealán ar lámh Dhónail, agus tá sé ceart go leor anois.

Beimid ar ais go luath, slán go fóill.

Gluais

dhoirt mé: *I spilled*
ghortaigh mé: *I injured/hurt*
chuir mé fios ar: *I sent for*
otharcharr: *ambulance*
bindealán: *bandage*

Blag: Worked example

Ceist 5

Is tusa Sinéad sna pictiúir thíos. Bhí an fliú ar do Mham, agus bhí ort fanacht sa bhaile chun aire a thabhairt di. Scríobh blag faoi sin. (20 marc)

Luaigh i do **bhlag**:
- Cad a tharla do do Mham
- Go raibh an fón briste
- Cad a tharla ina dhiaidh sin

Blag

Sinéad anseo,

Brón orm. Ní bheidh mé ábalta dul amach ar maidin. Tá an fliú ar mo Mham agus tá an fón briste. Táim ag tabhairt aire do mo Mham. Chuaigh mé go teach mo charad ach ní raibh sé ann. Má fheiceann tú an blag seo, an dtiocfaidh tú go dtí mo theach?

Sinéad

Obair duit féin: Sampla 1–4

Teachtaireacht Ríomhphoist – Sampla 1

Ceist 5

Is tusa Seán an buachaill sna pictiúir thíos. Fuair tú glao teileafóin ó do chara, Lisa, ag iarraidh ort dul go dtí a teach. Cuir **teachtaireacht ríomhphoist** chuig do Mham ag míniú an scéil di. (20 marc)

Pictiúr 1
Glao teileafóin ó Lisa

Pictiúr 2
Cuireadh go teach Lisa

Pictiúr 3
Teachtaireacht

Pictiúr 4
Ag féachaint ar an teilifís

Luaigh i do **theachtaireacht**:
- An glao teileafóin (**Pictiúr 1**)
- Ag labhairt le Lisa (**Pictiúr 2**)
- Ag féachaint ar an teilifís (**Pictiúr 4**)

Teachtaireacht Ríomhphoist

A Mham,

_____
_____
_____
_____
_____
_____
_____
_____

Slán go fóill.

　　　　Seán

Teachtaireacht Ríomhphoist – Sampla 2

Ceist 5

Is tusa Bobby, an duine óg atá sna pictiúir thíos. Ní bheidh tú ábalta dul chuig an lá spóirt. Cuir **teachtaireacht ríomhphoist** chuig Máire faoi. (20 marc)

Pictiúr 1
Ag léamh litreach

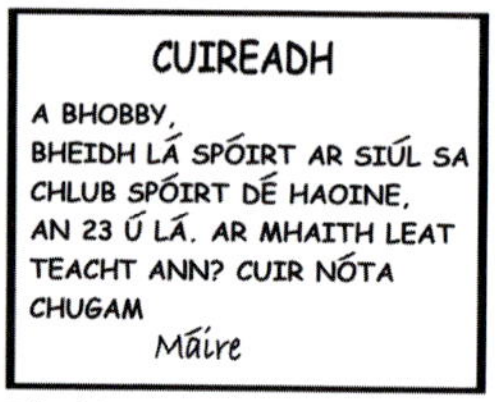

Pictiúr 2
An cuireadh

CUIREADH
A BHOBBY,
BHEIDH LÁ SPÓIRT AR SIÚL SA CHLUB SPÓIRT DÉ HAOINE, AN 23 Ú LÁ. AR MHAITH LEAT TEACHT ANN? CUIR NÓTA CHUGAM
Máire

Pictiúr 3
Ag labhairt le d'athair

Pictiúr 4
Ríomhaire glúine

Luaigh i do **theachtaireacht**:
- Go raibh tú sásta/míshásta an cuireadh a fháil (**Pictiúr 1**)
- Cad a bhí sa litir (**Pictiúr 2**)
- Cad a dúirt d'athair (**Pictiúr 4**)

Teachtaireacht Ríomhphoist

A Mháire,

_____
_____
_____
_____
_____
_____
_____
_____
_____

Slán tamall,
        Bobby

CEAPADÓIREACHT CEISTEANNA 4–6　　93

Teachtaireacht Ríomhphoist – Sampla 3

Ceist 5

Is tusa Lúc, an buachaill atá sna pictiúir thíos. Sular fhág tú do theach chuir tú **teachtaireacht ríomhphoist** chuig do mham, ag míniú di cá raibh tú ag dul. (20 marc)

Pictiúr 1	Pictiúr 2	Pictiúr 3	Pictiúr 4
Glao teileafóin	Ag labhairt le Lucinda	Teachtaireacht ríomhphoist	Cad a bheas ar siúl agaibh

Luaigh i do **theachtaireacht**:
- An glao teileafóin a fuair tú (**Pictiúr 1**)
- Cad a dúirt tú le Lucinda (**Pictiúr 2**)
- Cad a bheas ar siúl agaibh (**Pictiúr 4**)

Teachtaireacht Ríomhphoist

A Mham,

_____

_____

_____

_____

_____

_____

_____

Slán go fóill.

　　　　　Lúc

Teachtaireacht Ríomhphoist – Sampla 4

Ceist 5

Is tusa Cathal, an duine óg sna pictiúir thíos. Thug tú do rothar ar iasacht do do chara Liam. Nuair a fuair tú ar ais é bhí roth amháin lúbtha. Chuir tú glao teileafóin air ach ní raibh freagra ar bith. Cuir **teachtaireacht ríomhphoist** chuige. (20 marc)

Pictiúr 1
Rothar briste

Pictiúr 2
Ag lorg A20

Pictiúr 3
Glao teileafóin

Pictiúr 4
Teachtaireacht ríomhphoist

Luaigh i do **theachtaireacht**:
- Cad a tharla don rothar (**Pictiúr 1**)
- Cad a bhí tú ag lorg (**Pictiúr 2**)
- Cad a rinne tú ansin (**Pictiúr 4**)

Teachtaireacht Ríomhphoist

A Liam,

_____
_____
_____
_____
_____
_____
_____
_____

Feicfidh mé thú,
        Cathal

Ceist 6(a): An Litir

Guidelines

- The **Litir** question is **Question 6(a)**.
- You will have a choice between doing the **Litir Question 6(a)** <u>or</u>
- the **Alt/Cuntas Question 6(b)**.
- The **Litir Question 6(a)** is worth **40 marks**.
- You will be given a **number of points**, which you **must include** in your **Litir**.
- There will nearly always be **four points** that you must include. It is essential that you include all **four points**.
- 4 Marks are awarded for **the address — the date — your greeting — your ending** (1 mark for each).
- Check the **Cárta Poist** section where you will find vocabulary.
- Please note that there will **not** be a **choice** of two letters, as was the case previously.
- **Presentation** is really important in the **Litir Question**.
- I would suggest that you spend **25 mins** at this question.

Leagan amach: Layout

It is worth noting the instructions the Department of Education gives about how to write the letter: *Bíodh leagan amach cuí ar do litir, i.e. seoladh, dáta, beannú, agus críoch oiriúnach.* (Your letter should have a suitable layout, i.e. address, date, greeting, and appropriate ending.)

Seoladh (Address)

The address should be clearly written at the top right-hand corner of the page. It should not be your own address.

Some sample addresses

Bóthar Bhaile Átha Cliath
An Uaimh
Co. na Mí

Cearnóg an Aonaigh
Tulach Mhór
Co. Uíbh Fhailí

Sráid Phádraig
Corcaigh

Páirc Mhuire
Leitir Ceanainn
Co. Dhún na nGall

An dáta (The date)
The day (if you wish to include it) should be written in words, e.g., *Dé Luain*.
The date of the month should be written in numerals, e.g. 10.
The month should be written in words, e.g. *Meitheamh*.
The year should be written in numerals, e.g. 2006.

Sample dates
Dé Luain 12 Meitheamh 2006
21 Samhain 2006

Rudaí le foghlaim — Things to learn

An Beannú (The Greeting)

Litir phearsanta	*Litir fhoirmiúil*
A Mháire, a chara	A thuismitheoirí ionúine
A Phádraig, a chara dhil	A dhuine uasail

Críoch na Litreach (The Close)

Litir phearsanta

Do chara
Do chara dílis
Mise d'iníon dhílis
Mise do mhac dílis
Slán go fóill

Litir fhoirmiúil

Mise le meas

What to do next

You should make good and frequent use of the **nathanna úsáideacha — your Treasure Chest** of useful phrases and expressions (p. 69) — when preparing for and when writing letters. The vocabulary on **page 72** should also be of benefit. You should also pay particular attention to the **special irregular verb feature** (p. 168). Some additional phrases for letter-writing are given below.

Nathanna úsáideacha don litir

Cén chaoi a bhfuil an saol agat? *How's life?*
Go raibh míle maith agat as an gcuireadh *Thank you very much for the invitation*
Tá súil agam go bhfuil tú féin agus do mhuintir i mbarr na sláinte *I hope you and your family are in the best of health*
Abair le Máire go raibh mé ag cur a tuairisce *Tell Máire I was asking for her*
Go n-éirí an t-ádh leat/Go n-éirí leat *Good luck*
Scríobh ar ais chugam gan mórán moille *Write back to me without delay*
Slán agus beannacht *Goodbye and God bless you*
Slán go fóill *Goodbye for now*

CEAPADÓIREACHT CEISTEANNA 4–6

Leagan amach na litreach (Layout of the letter)

1. [do sheoladh] _____

2. [an dáta] _____

3. [beannacht] _____

4. [tús na litreach] _____

5. [croí na litreach] _____

6. [críoch na litreach] _____

7. [d'ainm] _____

Now

1. Study the **worked examples** that follow these instructions and learn the techniques for answering this question.
2. Then answer the **litir questions** that follow the **worked examples**.
3. You should answer one **litir question** every week/two weeks.

Ceist 6(a): Worked examples

Litir: Worked example 1

Ceist 6(a)

Tá d'aintín ar saoire. Tá tú ag tabhairt aire dá madra. Tarlaíonn timpiste don mhadra. Scríobh litir chuici. Sa litir luaigh na pointí seo. (40 marc)

- cathain a tharla an timpiste
- cén chaoi ar tharla sé
- cad a rinne tú
- conas atá an madra anois

Scríobh an litir sa bhosca.

Note: Bíodh leagan amach cuí ar do litir, i.e. seoladh, dáta, beannú, agus críoch oiriúnach.

Litir

6 Ard na Gréine,
Béal a' Mhuirthead,
Contae Mhaigh Eo
Dé Luain, 31 Eanáir 2011.

A Aintín Clíona

Dia duit. Cén chaoi a bhfuil tú? Bhuel, a Aintín, is trua liom a rá go bhfuil drochscéal agam duit. Tharla timpiste do do mhadra 'Jack' arú inné. Bhuel bhíomar ag dul go dtí an siopa nuair a bhuail rothar é.

Ní bréag ar bith a rá go raibh mé i gcruachás. Ar aon nós ní raibh sé gortaithe go ródhona. Chuir mé bindealán ar a chos agus tá sé ceart go leor anois, buíochas le Dia. Bíonn sé ag bacadaíl leis ach chun an fhírinne a insint táim ag ceapadh go mbeidh sé thar barr ar ball beag.

Tá súil agam nach mbeidh tú ar buile liom. Gabhaim mo bhuíochas leat as 'Jack' a fhágáil faoi mo chúram.

Slán go fóill,
Mise do neacht cheanúil,
Síle

Gluais

is trua liom a rá: *I'm sorry to say*
drochscéal: *bad news*
arú inné: *day before yesterday*
ní bréag a rá: *it's no lie to say*
i gcruachás: *in a bad way*
bindealán: *bandage*
ag bacadáil: *limping*
táim ag ceapadh: *I think*
ar ball beag: *in a little while*
gabhaim mo bhuíochas leat: *I thank you*

Litir: Worked example 2

Ceist 6(a)

Tá tú ar saoire le do chairde áit éigin in Éirinn. Níl go leor airgid agat. Scríobh litir abhaile chuig do thuismitheoirí ag lorg níos mó airgid ar iasacht. Sa litir luaigh na pointí seo: (40 marc)
- an méid airgid atá fágtha agat
- cúpla rud a chosain a lán airgid
- cathain ba mhaith leat an t-airgead a fháil
- conas a thabharfaidh tú an t-airgead ar ais

Scríobh an litir sa bhosca.

Litir

23 Sráid Phádraig,
Luimneach
Dé Céadaoin, 9 Feabhra 2011.

A thuismitheoirí ionúine,

Beatha agus sláinte. Cén chaoi a bhfuil sibh? Tá mise ceart go leor, buíochas le Dia. Tá mé féin agus mo chara Liam anseo in ósta na hóige agus chun an fhírinne a insint níl mórán airgid fágtha agam.

Fuair mé geansaí Celtic nua a chosain seasca euro agus chomh maith leis sin chuamar chuig ceolchoirm na White Eyed Peas agus chosain sé caoga euro an duine.

Pé scéal é, má sheolann tú dhá chéad euro chugam trí Western Union beidh mé fíorbhuíoch daoibh. Tabharfaidh mé an t-airgead ar ais gan rómhoill nuair a bheidh mo phost nua agam.

Caithfidh mé deireadh a chur leis an litir seo anois. Abair le gach éinne go raibh mé ag cur a dtuairisce.

Slán go fóill,

Mise bhur mac ceanúil,

Cathal.

Gluais

chun an fhírinne a insint: *to tell the truth*	má sheolann tú: *if you send*
geansaí Celtic: *Celtic jersey*	fíorbhuíoch: *really grateful*
a chosain: *that cost*	bhur mac ceanúil: *your loving son*

Litir: Worked example 3

Ceist 6(a)

Níl do chara ina c(h)ónaí in aice leat anois. Ba mhaith leat socrú a dhéanamh leis/léi chun dul ar laethanta saoire le chéile.
Scríobh litir chuige/chuici. Sa litir luaigh na pointí seo: (40 marc)
- cén uair is féidir leat féin dul ar saoire
- cúpla rud ba mhaith leat féin a dhéanamh ar na laethanta saoire
- cathain ba mhaith leat a fháil amach an féidir leis/léi dul
- cén t-am is féidir leis/léi glao teileafóin a chur ort

Scríobh an litir sa bhosca.

Litir

Bóthar Bhaile Átha Cliath,
An Uaimh,
Contae na Mí
Dé Máirt, 25 Eanáir 2011.

A Lúc, a chara dhil,
Dia duit. Conas atá tú? Tá mise ceart go leor, buíochas le Dia. Táim ag scríobh na litreach seo chugat mar gheall ar na laethanta saoire. Ar mhaith leat dul go Corcaigh liom? Beidh me féin agus mo dheirfiúr nua, Bláithín, ag dul go hEochaill tar éis an scrúdaithe, le cúnamh Dé. Ba bhreá liom dul ag snámh agus dul chuig an dioscó chuile oíche. Tá mé craiceáilte faoi na dioscónna.
Pé scéal é, an féidir leat insint dom roimh am lóin Dé hAoine cad atá ar intinn agat. Is féidir leat glao teileafóin a chur orm idir a seacht is a hocht a chlog tráthnóna ar bith. Déarfainn go mbeidh an chraic go hiontach in Eochaill. Ar aon nós cuir glao orm gan rómhoill.
Slán tamaill,
Mise do chara go deo,
Conchúr.
P.S. Seo m'uimhir fón póca nua — 084–32198767

Gluais

ceart go leor: *okay, fine*	pé scéal é: *nevertheless*
Eochaill: *Youghal*	déarfainn: *I'd say*
ba bhreá liom: *I'd love*	ar intinn: *in mind*
Tá mé craiceáilte faoi: *I'm mad about*	

Obair duit féin: Sampla 1–6

Litir – Sampla 1

Ceist 6

Freagair (**a**) — Litir **nó** (**b**) — Alt/Cuntas anseo. (**40 marc**)

Fuair tú post samhraidh in ollmhargadh. Tá tú ag obair ann anois le cúpla seachtain. Scríobh **litir** chuig cara leat i Sasana agus luaigh na pointí seo a leanas sa litir:
- conas a fuair tú an post
- an t-am a thosaíonn tú ar obair agus a chríochnaíonn tú gach lá
- an sórt oibre atá ar siúl agat san ollmhargadh
- an pá atá agat.

Scríobh an litir sa bhosca.

Seoladh: _____

Dáta: _____

Beannú: _____

Críoch: _____

Litir – Sampla 2

Ceist 6

Freagair (**a**) — Litir **nó** (**b**) — Alt/Cuntas anseo. (**40 marc**)

Tá cara pinn nua agat. Fuair tú ainm agus seoladh do charad nua san iris *Mahogany Gaspipe*. Scríobh **litir** chuig do chara pinn nua, agus luaigh na pointí seo inti:
- d'áit chónaithe agus na daoine atá i do theaghlach
- cúpla rud faoin gcaitheamh aimsire atá agat
- an sórt bia a thaitníonn leat
- cúpla rud faoi chlub éigin a bhfuil baint agat leis

Scríobh an litir sa bhosca.

Seoladh: _____

Dáta: _____

Beannú: _____

Críoch: _____

Litir – Sampla 3

Ceist 6

Freagair (**a**) — Litir **nó** (**b**) — Alt/Cuntas anseo. (**40 marc**)

Tá cara leat tinn in ospidéal atá i bhfad uait. Scríobh litir chuig an gcara agus luaigh na pointí seo a leanas inti:
- mar a chuala tú faoin tinneas atá ar do chara
- cén uair a bheas tú ag dul ar cuairt chuig do chara
- rud éigin a tharla duit féin
- cúpla rud faoi na cairde eile ar scoil

Scríobh an litir sa bhosca.

Seoladh: _____

Dáta: _____

Beannú: _____

Críoch: _____

Litir – Sampla 4

Ceist 6

Freagair (**a**) Litir **nó** (**b**) — Alt/Cuntas ansco. (**40 marc**)

Tá tusa agus do mhuintir tar éis aistriú go teach nua atá amuigh faoin tuath. Scríobh **litir** chuig chara leat ag insint dó nó di faoi do shaol nua.
Luaigh na pointí seo i do litir:
- an áit nua ina bhfuil tú i do chónaí
- do theach nua
- an scoil nua ina bhfuil tú
- na rudaí a thaitníonn nó nach dtaitníonn leat faoin áit nua

Scríobh an litir sa bhosca.

Seoladh: _____

Dáta: _____

Beannú: _____

Críoch: _____

Litir – Sampla 5

Ceist 6

Freagair (**a**) — Litir **nó** (**b**) — Alt/Cuntas anseo. (**40 marc**)

Cheannaigh d'athair rothar nua duit. Ní raibh sé agat ach seachtain amháin nuair a goideadh é. Scrobh **litir** chuig do dheartháir mór atá ina chónaí i dtír eile. Sa litir luaigh na pointí seo:
- cathain a fuair tú an rothar
- cá raibh an rothar nuair a goideadh é
- cá bhfuair na gardaí an rothar
- an damáiste a bhí déanta don rothar

Scríobh an litir sa bhosca.

Seoladh: _____

Dáta: _____

Beannú: _____

Críoch: _____

Litir – Sampla 6

Ceist 6

Freagair (**a**) — Litir **nó** (**b**) — Alt/Cuntas anseo. (**40 marc**)

Tá cara pinn agat i bPáras. Tá tú ar saoire leis/léi ar feadh seachtaine. Scríobh **litir** abhaile chuig do thuismitheoirí ag insint dóibh:
- faoin turas ó Éirinn go Páras
- faoi do chara pinn agus an teaghlach a bhfuil tú ag fanacht leo
- faoin gceantar i bPáras ina bhfuil teach cónaithe do chara pinn
- faoi roinnt de na rudaí a rinne tú ó bhain tú Páras amach

Scríobh an litir sa bhosca.

Seoladh: _____

Dáta: _____

Beannú: _____

Críoch: _____

Ceist 6(b): Alt/Cuntas

What do you need to do?

- Write an **essay/account** of about **15 lines**.
- Note that there is only **one choice**.
- Use **good Irish** with verbs in their **correct tenses**.
- Use **good expressions** from your '**treasure chest**' (p. 69) and from other **vocabulary provided**.

> **Time:** 25 mins
> **Marks:** 40
> **Length:** 15 lines — approx. 100 words

How do you do it?

- Begin with a good, short, clear **opening paragraph**.
- Always keep checking that you're using the **correct tense(s)**.
- Remember that **80%** of the marks are for the **quality** and just **20%** for **content**, so focus fully **on quality and standard**.
- Remember that **fadas are important**, so when you have finished your alt/cuntas go back over each line to **check fadas**, **spellings**, **tenses and punctuation** (commas, full stops, etc.).

Do not do this

- **Don't use long complicated sentences.** They can cost you lots of marks.
- **Don't write too much.** It's a waste of time, and gives you the chance to make extra mistakes and lose marks.
- **Don't write too little.** If you write, for example, 50 instead of 100 words you will only be marked out of 20 instead of 40 marks.
- **Don't scribble. Write clearly** because if the examiner can't read what you've written he/she can't give you any marks. If you have very poor handwriting you should **print every word**, so that the examiner will definitely be able to read what you've written.

Extra guidelines for the Alt/Cuntas

- The Alt/Cuntas is now **based on four pictures numbered 1–4**.
- The **first picture contains a caption** such as 'Turas scoile go Barcelona'.
- **Remember that it is <u>you</u> who are telling the story**, so you should tell the story of what happened based on the four pictures — chuaigh mé, bhíomar, etc.
- Please note that you can write your complete story in the **Aimsir Chaite (past tense)**. This is very important because nearly everybody can write better in the Aimsir Chaite.

Some Aimsir Chaite verbs for the Alt/Cuntas

• Chuaigh mé/chuamar	I went/we went
• Rinne mé/rinneamar	I did/we did
• Cheannaigh mé/cheannaíomar	I bought/we bought
• Thug mé/thugamar	I gave/we gave
• D'ith mé/d'itheamar	I ate/we ate
• Bhí mé/bhíomar	I was/we were
• Chonaic mé/chonaiceamar	I saw/we saw
• Fuair mé/fuaireamar	I got/we got
• Chuala mé/chualamar	I heard/we heard
• Chuir mé/chuireamar	I put/we put
• D'imigh mé/d'iomíomar	I went/we went
• Dhuisigh mé/dhuisíomar	I woke up/we woke up
• Tháinig mé/thángamar	I came/we came
• D'ól mé/d'ólamar	I drank/we drank

Common topics

- Your home and district
- Your family
- Your friends
- Your pastimes
- Sport
- Music
- Illness
- Family celebrations, or a typical day in your home
- Your school
- Tours/trips

Vocabulary for the 'Alt Gairid' and 'Cuntas'

Home and district

amuigh faoin tuath	in the country
ciúin	quiet
álainn	beautiful
m'áit dhúchais	my native place
baile	home, home place
baile fearainn	townland
contae	county
baile mór	town

sráidbhaile	*village*
bruachbhaile	*suburb*
club óige	*youth club*
pictiúrlann	*cinema*
eastát	*estate*
seomra suí	*sitting room*
halla	*hall*
seomra bia	*dining room*
seomra folctha	*bathroom*
leithreas	*toilet*
ag glanadh	*cleaning*
thuas staighre	*upstairs*
thíos staighre	*downstairs*
fuinneog	*window*

Your family and friends

mo thuismitheoirí	*my parents*
mo dheirfiúr	*my sister*
mo dheartháir	*my brother*
mo leasdeirfiúr	*my stepsister*
mo leasdeartháir	*my stepbrother*
mo sheanathair	*my grandfather*
mo sheanmháthair	*my grandmother*
m'uncail	*my uncle*
m'aintín	*my aunt*
mo chara	*my friend*
mo chairde	*my friends*
na comharsana	*the neighbours*
óg	*young*
níos óige	*younger*
is óige	*youngest*
sean	*old*
níos sine	*older*
is sine	*oldest*

Pastimes, sport, and music

(See also p. 12)

cláir cheoil	music programmes
cláir Ghaeilge	programmes in Irish
cláir spóirt	sports programmes
cláir ghrinn	comedy programmes
popcheol	pop music
rac-cheol	rock music
ceol tíre/ceol Gaelach/ceol traidisiúnta	folk/Irish/traditional music
is fuath liom	I hate
is breá liom	I like
ag rince/ag damhsa	dancing
ag léamh	reading
ag iomáint	playing hurling
club peile	football club
is ball mé	I am a member

Illness

ag brath go dona	feeling bad
i ndroch-chaoi	in a bad way
ag casachtach	coughing
teocht ard	a high temperature
an fliú	the flu
an-tinn go deo/go dona tinn	very ill indeed, seriously ill
an bhruitíneach	the measles
deoch the	a hot drink
lárionad sláinte	health centre
leigheas	cure
instealladh	injection
oideas dochtúra	a prescription
tháinig biseach orm	I got better
altra	a nurse

Family celebrations

mo lá breithe	my birthday
cóisir	a party

CEAPADÓIREACHT CEISTEANNA 4–6

Ceist 6(b): Worked examples

Alt/Cuntas: Worked example 1

Ceist 6(b)

Is tusa **Orla** nó **Cathal**, duine de na daoine óga atá sna pictiúir thíos. Scríobh an scéal atá léirithe sa tsraith pictiúr. Is **tusa** atá ag insint an scéil. (**15 líne nó mar sin**) (**40 marc**)
Scríobh an freagra sa bhosca.

Gluais
ar buile: *furious*
obair bhaile bhreise: *extra homework*
glan cinnte: *dead certain*
go deo: *ever*
táim ag ceapadh: *I think*
ach oiread: *either*

Alt/Cuntas

Bhuel, ní chreidim cad a tharla! D'éirigh mé ar a seacht a chlog agus d'ith mé mo bhricfeasta ar a hocht. D'fhág mé an teach ar a deich tar éis a hocht, agus bhuail mé le Cathal ag stad an bhus. Tháinig bus na scoile, ach níor stad sé dúinn, agus bhí orainn siúl ar scoil. Turas dhá mhíle a bhí ann, agus bhí sé leathuair tar éis a naoi nuair a shroicheamar an scoil. Chuamar isteach sa seomra ranga, agus bhí an múinteoir ar buile linn. D'fhiafraigh sí dínn cén fáth a rabhamar déanach, ach tá brón orm a rá nár chreid sí an scéal a bhí againn. Bhí sí ar buile linn, agus dúirt sí linn gan a bheith déanach choíche arís. Chomh maith leis sin thug sí obair bhaile bhreise dúinn, agus bhí orainn seomra na múinteoirí a ghlanadh ag am lóin. Tá mé glan cinnte nach mbeidh mé déanach ar scoil go deo arís, agus táim ag ceapadh nach mbeidh Cathal déanach arís ach oiread!

Alt/Cuntas: Worked example 2

Ceist 6(b)

Is tusa **Éamonn** nó **Úna**, duine de na daoine óga atá sna pictiúir thíos. Scríobh an scéal atá léirithe sa tsraith pictiúr. Is **tusa** atá ag insint an scéil.(**15 líne nó mar sin**) (**40 marc**)
Scríobh an freagra sa bhosca.

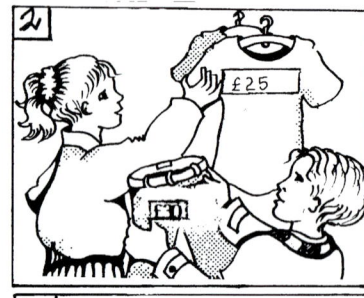

Gluais

shroicheamar: *we reached*
lárionad siopadoireachta: *shopping centre*
burgair: *burgers*
sceallóga: *chips*
dlúthcheirníní: *CDs (compact discs)*

Alt/Cuntas

*Chuaigh mé féin agus Úna go Baile Átha Cliath inné, agus bhí lá breá againn. Fuaireamar bus ón gcearnóg ar leathuair tar éis a deich, agus shroicheamar Busáras a ceathrú chun a haon. Ar dtús chuamar isteach i siopa éadaigh i lárionad siopadóireachta, agus cheannaigh Úna geansaí ar €25. Fuair mise brístí géine ar A30. Bhí ocras orainn, agus díreach ina dhiaidh sin chuamar isteach i mbialann dheas i Sráid Uí Chonaill agus bhí béile breá ag an mbeirt againn. D'itheamar burgair agus sceallóga agus d'ólamar deoch oráiste. Ansin chuamar isteach i siopa ceirníní agus bhíomar ag féachaint ar dhlúthcheirníní agus ar théipeanna. Cheannaigh Úna CD le **Oasis** agus cheannaigh mise CD le **Mike Denver**. Fuaireamar bus abhaile ar leathuair tar éis a sé, agus cé go rabhamar tuirseach bhíomar sásta tar éis an lae iontaigh a bhí againn.
Sin a bhfuil go fóill.*

Alt/Cuntas: Worked example 3

Ceist 6(b)

Is tusa **Ciara** nó **Lúc**, duine de na daoine óga atá sna pictiúir thíos. Scríobh an scéal atá léirithe sa tsraith pictiúr. Is **tusa** atá ag insint an scéil. (**15 líne nó mar sin**) (**40 marc**)
Scríobh an freagra sa bhosca.

Gluais

den chéad scoth: *first class*
dála an scéil: *by the way*
chosain sé: *it cost*
ar aon nós: *anyway*
imeachtaí éagsúla: *various activities*
pé scéal é: *nevertheless*
mar a dúirt mé cheana: *as I said before*

Alt/Cuntas

Bhuel, táim tar éis deireadh seachtaine den chéad scoth a chaitheamh i nGaeltacht Dhún na nGall, le mo chara Lúc. Fuaireamar bus ón scoil ar a naoi a chlog Dé hAoine, agus bhíomar ar ais sa scoil ar a cúig a chlog Dé Domhnaigh. Dála an scéil, chosain sé 120 euro. Ar aon nós bhí snámh againn ar a trí a chlog Dé hAoine agus bhí céilí ar siúl an oíche chéanna. Bhí ranganna óna deich go dtí leathuair tar éis a dó dhéag Dé Sathairn. Bhí imeachtaí éagsúla ar an trá go dtí a trí a chlog agus bhí ceol agus díospóireacht go dtí a hocht a chlog Dé Sathairn. Pé scéal é, fuaireamar an bus abhaile ar deich a chlog, Dé Domhnaigh. Stopamar ag bialann ar a haon a chlog ar an bhealach abhaile, agus, mar a dúirt mé cheana, bhíomar ar ais sa scoil ar a cúig a chlog Dé Domhnaigh.

Obair duit féin: Sampla 1–8

Alt/Cuntas – Sampla 1

Ceist 6(b)

Is tusa **Cian** nó **Sorcha**, duine de na daoine óga atá sna pictiúir thíos. Scríobh an scéal atá léirithe sa tsraith pictiúir. Is **tusa** atá ag insint an scéil. (**15 líne nó mar sin**) (**40 marc**)
Scríobh an freagra sa bhosca.

Alt/Cuntas

Alt/Cuntas – Sampla 2

Ceist 6(b)

Is tusa **Ruairí** nó **Áine**, duine de na daoine óga atá sna pictiúir thíos. Scríobh an scéal atá léirithe sa tsraith pictiúr. Is **tusa** atá ag insint an scéil. (**15 líne nó mar sin**) (**40 marc**)
Scríobh an freagra sa bhosca.

Alt/Cuntas

Alt/Cuntas – Sampla 3

Ceist 6(b)

Is tusa **Pól** nó **Seán**, duine de na daoine óga atá sna pictiúir thíos. Scríobh an scéal atá léirithe sa tsraith pictiúr. Is **tusa** atá ag insint an scéil. (**15 líne nó mar sin**) (**40 marc**)
Scríobh an freagra sa bhosca.

Alt/Cuntas

Alt/Cuntas – Sampla 4

Ceist 6(b)

Is tusa **Liam** nó **Orlaith**, duine de na daoine óga atá sna pictiúir thíos. Scríobh an scéal atá léirithe sa tsraith pictiúr. Is **tusa** atá ag insint an scéil. (**15 líne nó mar sin**) (**40 marc**)
Scríobh an freagra sa bhosca.

Alt/Cuntas

Alt/Cuntas – Sampla 5

Ceist 6(b)

Is tusa **Siobhán** nó **Tomás**, duine de na daoine óga atá sna pictiúir thíos. Scríobh an scéal atá léirithe sa tsraith pictiúr. Is **tusa** atá ag insint an scéil. (**15 líne nó mar sin**) (**40 marc**)
Scríobh an freagra sa bhosca.

Alt/Cuntas

Alt/Cuntas – Sampla 6

Ceist 6(b)

Is tusa **Bláithín** nó **Conchúr**, duine de na daoine óga atá sna pictiúir thíos. Scríobh an scéal atá léirithe sa tsraith pictiúr. Is **tusa** atá ag insint an scéil. (**15 líne nó mar sin**) (**40 marc**)

Scríobh an freagra sa bhosca.

Alt/Cuntas

Alt/Cuntas – Sampla 7

Ceist 6(b)

Is tusa **Séamas** nó **Áine**, duine de na daoine óga atá sna pictiúir thíos. Scríobh an scéal atá léirithe sa tsraith pictiúr. Is **tusa** atá ag insint an scéil. (**15 líne nó mar sin**) (**40 marc**)
Scríobh an freagra sa bhosca.

Alt/Cuntas

Alt/Cuntas – Sampla 8

Ceist 6(b)

Is tusa **Caitlín** nó **Antoine**, duine de na daoine óga atá sna pictiúir thíos. Scríobh an scéal atá léirithe sa tsraith pictiúr. Is **tusa** atá ag insint an scéil. (**15 líne nó mar sin**) (**40 marc**)
Scríobh an freagra sa bhosca.

Alt/Cuntas

5 An Bhéaltriail Roghnach (Optional)

> **aims**
> - Learn useful phrases and vocabulary relevant to the 4 topics
> - Practise until you are confident speaking as Gaeilge

Réamhrá

Tá 40% de mhóriomlán na marcanna ag gabháil leis an mBéaltriail Roghnach sa scrúdú Gaeilge anois. Ceaptar go dtabharfaidh an marc méadaithe sin spreagadh do na hiarrthóirí agus do na múinteoirí níos mó béime a chur ar labhairt na Gaeilge, ar scoil.

The Optional Oral Irish Test

The Junior Cert Oral Irish is an **optional examination**. This examination is an **in-school Oral Test** which is designed to be conducted by staff from within the school. The marks available have been **increased from 80 to 160 marks**, making it likely that the numbers taking the **Junior Cert Oral Irish** will greatly increase.

Recording of students

The Department of Education has introduced a monitoring system which means that **every student's Oral Irish test** will be **recorded (taped)**. There will be **two different types of taping:** the **Téip Speisialta** and the **Téip Ghinearálta**.

Téip Speisialta

At least **10%** of any given class must be **taped** and the Department of Education may ask that the tape be returned to them for **monitoring purposes**.

Téip Ghinearálta

All students who are not **recorded** for the **téip speisialta**, must be recorded on the **téip ghinearálta**, although many students tests will be 'taped over' on the **téip ghinearálta**. The Department of Education may ask that the **Téip Speisialta and Téip Ghinearálta** be returned to them for **monitoring purposes**.

Format for the Irish Oral

> **exam focus**
>
> **Time:** Approx 11–12 minutes for each student.
> **Marks:** 160 marks

AN BHÉALTRIAIL ROGHNACH (OPTIONAL)

Cuid 1 — Fáiltiú

- **Time:** 1 minute
- **Marks:** 10 marks

The **Fáiltiú** (welcome) part of the test will last about **one minute** and will include simple questions/statements such as:

Dia duit.
Conás atá tú?
Cad is ainm duit? etc.

The questions in **Cuid 1: Fáiltiú** are meant to put you at your ease, and to ease you into the second part of the test.

Cuid 2 — Cur Síos ar Shraith Pictiúr

- **Time:** 3 minutes
- **Marks:** 30 marks

Cuid 2 requires you to describe a **sraith pictiúr** (series of pictures) which will be based on the Junior Cert Syllabus.

- There will be **five separate series of pictures**. Teachers and students will be able to download the pictures from the Department of Education website during the course and practise them in class.
- The **complete series** of pictures will be posted on the board **on the day of the Oral Irish**.
- You can **randomly choose** one series of pictures from the five series of pictures that will be on display.
- You will have **one minute** to study and analyse the pictures.
- You will have **two minutes** in which to describe what you see in the pictures.

Cuid 3 — Rólghlacadh

- **Time:** 3 minutes
- **Marks:** 40 marks

Cuid 3 requires you to engage in role playing based on a card of pictures that is chosen randomly by you, and is based on **four topics** nominated by the Department of Education.

The Four Topics

- An Scoil
- Caitheamh Aimsire
- Laethanta Saoire
- Bia agus Deoch

How it Works
- There will be **8 cards**.
- There will be **two cards for each of the four topics** named above.
- Each of the 8 cards will contain six pictures and various amounts of text.
- There will be **graphics** as well as text on the cards.
- These cards can be downloaded from the internet, during the course, and practised, in class.
- The 8 cards will be displayed on the board on the day of the Oral Irish Test.

What Next?
- On the day of the test the **8 cards** will be displayed on the board.
- **You will choose one of the 8 cards.**
- Your teacher will also have a copy of the same card you chose.
- Your teacher will allow you **one minute** in which to study and analyse the contents of the card.
- You will then have **2 minutes** in which to ask your teacher (examiner) questions based on what you see on the card.
- Your teacher (examiner) may take an interactive part in this process.
- You are expected to ask a total of **10 questions**, based on the card of six pictures, graphics and text.

Cuid 4 — Agallamh
- **Time:** 4–5 minutes
- **Marks:** 80 marks

Cuid 4 requires your **teacher** (examiner) to ask you a series of questions based on the Junior Cert syllabus and based on **your** age and capability.

How it Works
- Your teacher will ask you a number of questions.
- Your teacher will already have a good idea of your standard based on Cuid 1, Cuid 2 and Cuid 3, which you will have completed already.
- Your teacher conducts the oral test but you may have an interactive role, and may ask questions and discuss topics with your teacher.
- Your teacher may decide to shorten the exam, if he/she believes you lack the vocabulary or the conversational ability to continue for the full 4–5 minutes.
- Your **physical reactions** are taken into account, e.g. a shrug of the shoulders, shaking of the head, pointing of the finger(s), hand movements, etc. These are regarded as being part of the communication process.

What Next?

The next few pages contain:
- The Department of Education marking scheme for the Oral
- Information and vocabulary
- Pictures, graphics and drawings
- Sample questions and answers

Vocabulary for the Oral

Students should pay **particular attention to**:
- **Question words** (p. 5)
- **Na focail cheisteacha** (p. 7)
- **Foclóir don chluastuiscint** (p. 10)
- **Nathanna úsáideacha** (p. 69)

These will help enormously with your Oral Irish preparation, and with your performance on the day of the Oral Test.

Dáileadh na marcanna: Distribution of marks

We include here the Department of Education marking scheme for the Oral Irish.

Béaltriail (160 marc) Córas Marcála (marking scheme)

Cuid 1: Fáiltiú (10 marc: 1 nóiméad cainte)

8–10 marc:	Tuiscint fhoirfe, sárlíofacht cainte, cur in iúl sothuigthe agus saoráideach.	(sármhaith)
6–7 marc:	Tuiscint an-mhaith, líofacht an-mhaith, cur in iúl maith agus sothuigthe.	(an-mhaith)
4–5 marc:	Tuiscint réasúnta maith, líofacht mhaith, cur in iúl réasúnta sothuigthe.	(maith)
2–3 marc:	Gan ach tuiscint ar Ghaeilge shimplí, cur in iúl measartha.	(measartha)
0–2 marc:	Caint an-easnamhach gan mórán brí.	(lag)

Cuid 2: Cur síos ar shraith pictiúr a roghnóidh an t-iarrthóir (30 marc: 1 nóiméad ullmhúcháin agus 2 nóiméad cainte)

An chéad phictiúr sa tsraith pictiúr:

6–7 marc:	Tuiscint fhoirfe, sárlíofacht cainte, cur síos sothuigthe agus saoráideach bunaithe ar an tsraith pictiúr.	(sármhaith)
4–5 marc:	Tuiscint an-mhaith, líofacht an-mhaith, cur síos maith agus sothuigthe bunaithe ar an tsraith pictiúr.	(an-mhaith)
3–3 marc:	Tuiscint réasúnta maith, líofacht mhaith, cur síos réasúnta sothuigthe bunaithe ar an tsraith pictiúr.	(maith)
2–2 marc:	Gan ach tuiscint ar Ghaeilge shimplí, cur síos measartha.	(measartha)
1–1 marc:	Caint an-easnamhach gan aon bhrí.	(lag)

Cuirfear an **próiseas céanna** i bhfeidhm i gcás an **dara**, an **tríú** agus an **ceathrú pictiúr** sa tsraith pictiúr. Bronnfar 2 mharc as éifeacht an chur i láthair.

Cuid 3: Rólghlacadh (40 marc: 1 nóiméad ullmhúcháin agus 2 nóiméad ag cur ceisteanna)

4 mharc ag gabháil le gach ceist: 4 x 10 = 40 marc

4 marc:	Ceist chruinn, fhírinneach agus líofa bunaithe ar an bpóstaer.	(sarmhaith)
3 marc:	Ceist réasúnta cruinn, bunaithe ar an bpóstaer.	(an-mhaith)
2 marc:	Ceist stadach gan mórán tuisceana ar an bpóstaer.	(maith)
1 marc:	Ceist agus tagairt éigin inti don phóstaer.	(measartha)
0 marc:	Ciúnas nó gan aon bhrí a bheith le ceist an iarrthóra.	(lag)

Sampla:

4 marc:	Cén t-ainm atá ar an gcoláiste?	(sármhaith)
3 marc:	Cad é ainm coláiste?	(an-mhaith)
2 marc:	Cad é coláiste ainm?	(maith)
1 marc:	Ainm coláiste?	(measartha)
0 marc:	Sea?	(lag)

Cuid 4: An tAgallamh (160 marc: 4–5 nóiméad)

Cumas Cumarsáide (50 marc)
(= Tuiscint, Líofacht, Stór Focal, Sothuigtheacht an chur in iúl)

AICME	TREOIR	MARC
SÁRMHAITH (80–100%)	Tuiscint fhoirfe; Sárlíofacht cainte; Stór focal an-chruinn agus an-fhairsing; An cur in iúl an-sothuigthe agus an-saoráideach.	40–50
AN-MHAITH (60–79%)	Tuiscint an-mhaith; Líofacht an-mhaith chainte; Stór focal cruinn agus fairsing; An cur in iúl go maith sothuigthe.	30–39
MAITH (40–59%)	Tuiscint réasúnta maith; Líofacht mhaith cainte; Stór focal maith go leor ach pas teoranta; An cur in iúl réasúnta sothuigthe formhór an ama.	20–29
MEASARTHA (20–39%)	Gan tuiscint ach ar Ghaeilge shimplí; Líofacht áirithe maidir le caint shimplí; Stór focal easnamhach; Gan an cur in iúl ach measartha.	10–19
LAG (0–19%)	An chaint lag easnamhach; An chaint bhacach stadach; Stór focal an-easnamhach; An cur in iúl ann ar éigean.	0–9

Cumas Teanga (30 marc)

(= Máistreacht ar chruinnúsáid na bpríomhghnéithe de cheart na teanga labhartha: comhréir agus struchtúir, gramadach agus deilbhíocht, rithim agus foghraíocht.)

AICME	TREOIR	MARC
SÁRMHAITH (80–100%)	Ardchumas maidir le máistreacht ar an gcruinnúsáid atá i gceist thuas.	24–30
AN-MHAITH (60–79%)	Cumas an-maith maidir le máistreacht ar an gcruinnúsáid atá i gceist thuas.	18–23
MAITH (40–59%)	Cumas réasúnta maith maidir le máistreacht ar an gcruinnúsáid atá i gceist thuas. Ionramháil ar chaint shimplí leanúnach agus abairtí simplí iomlána réasúnta slán ó thaobh cruinnúsáide de (bunaimsirí na ngnáthbhriathra coitianta go háirithe agus bunrialacha comhréire agus foghraíochta).	12–17
MEASARTHA (20–39%)	Lochtach maidir le máistreacht ar an gcruinnúsáid atá i gceist thuas. Gearrabairtí gan a bheith ró-olc ach ionramháil ar chaint shimplí leanúnach lochtach ó thaobh na cruinnúsáide de (go háirithe maidir le bunaimsirí na ngnáthbhriathra coitianta agus maidir le bunrialacha na comhréire agus na foghraíochta).	6–11
LAG (0–19%)	An-lochtach maidir le máistreacht ar an gcruinnúsáid atá i gceist thuas. Na bunaimsirí, bunrialacha na comhréire agus na foghraíochta go hainnis. Gan ach an corrfhreagra gairid slán ar cheisteanna an-simplí.	0–5

Cuid 1: Fáiltiú

As stated previously the **fáiltiú** (welcome) part of the oral lasts for only **1 minute**. We include here some simple **questions** and answers for **Cuid 1**.

S = Scrúdaitheoir
D = Dálta

Am: 1 nóiméad
Marcanna: 10 marc

Ceisteanna agus Freagraí Samplacha

S: Go mbeannaí Dia duit/Dia duit.
D: **Dia is Muire duit.**
S: Cad is ainm duit?
D: **Seán Ó Loinsigh is ainm dom.**
S: Conas atá tú/Cén chaoi a bhfuil tú?
D: **Tá mé beagán neirbhíseach** (*I'm a little nervous*)
   Tá mé ceart go leor (*I'm fine*)
S: Cén aois thú/Cén aois atá agat?
D: **Tá mé ceithre bliana déag d'aois.**
   [Alternative Answers]
   Tá mé cúig bliana déag d'aois
   Sé bliana déag d'aois atá mé
S: Cén dáta/lá breithe atá agat?
D: **Rugadh mé ar an séú lá déag de mhí an Mhárta, naoi déag nócha cúig.**

[Alternative Answers]

Na míonna	The months
Eanáir	*January*
Feabhra	*February*
mí an Mhárta	*March*
Aibreán	*April*
mí na Bealtaine	*May*
mi an Mheithimh	*June*
Iúil	*July*
Lúnasa	*August*
Meán Fómhar	*September*
Deireadh Fómhair	*October*
Mí na Samhna	*November*
Mí na Nollag	*December*

Cuid 2: Sraith pictiúr

We have already seen that in **Cuid 2** you have to **randomly** choose a series of **pictures** from **five series of pictures**. There will be **four pictures** in each series of pictures. After studying and analysing the **pictures** for **one minute** you then have **two more minutes** in which to **describe** the story of the **four pictures**.

Am: 3 nóiméad
Marcanna: 30 marc

Hint 1:
You should try to answer the **Sraith Pictiúr** question in the **Aimsir Chaite** (Past Tense), if possible, because most students find it easier to **write and speak** in the **Aimsir Chaite**. So we'll answer this in the **Aimsir Chaite**.

Hint 2:
Just because the instructions say that you have **two minutes** in which to describe the story of the **four pictures**, this **does not mean that you are expected to speak for the full two minutes**. Just make sure that you include all **four pictures** in your **description**, and that you **don't exceed two minutes**.

Hint 3:
Sometimes it may help if you give the characters names, so unless the characters in the pictures already have names, you can give them names yourself.

Hint 4:
You can tell the story (what happened) in the four pictures without mentioning the pictures by name **or** you can tell the story **by numbers**, e.g.

I bpictiúr a haon, bhí Seán agus Máire ag déanamh …

Ansin i bpictiúr a dó, fuair Máire glao teileafóin …

Either approach will be perfect. I have chosen not to mention the pictures by number in the sample answers below. You don't have to mention the numbers of the pictures.

AN BHÉALTRIAIL ROGHNACH (OPTIONAL)

Cuid 2: Worked examples

Worked example: Sraith pictiúr 1

Note: answers are in red

An Bhéaltriail (30 marc)
(roghnóidh an t-iarrthóir sraith pictiúr go randamach)
Féach ar an tsraith pictiúr atá roghnaithe agat. Tá nóiméad amháin agat chun staidéar agus anailís a dhéanamh ar an tsraith pictiúr seo. Tá dhá nóiméad eile agat chun cur síos a dhéanamh ar an scéal atá sna pictiúir.

Pictiúr 1

Pictiúr 2

Gluais

cuireadh: *invitation*
in éineacht le: *with*
pé scéal é:
 nevertheless
ríomhphost:
 e-mail
ar aon nós: *anyway*
ar ball beag: *in a little while*

Pictiúr 3

Pictiúr 4

Rian 28

Bhí Seán agus Máire ag déanamh a gcuid obair bhaile sa teach. Bhí Máire ag scríobh agus bhí Seán ag léamh leabhair. Bhí sé a cúig a chlog.
Ansin fuair Máire glao teileafóin óna cara. Bhí sé leathuair tar éis a cúig nuair a fuair sí an glao teileafóin. Fuair sí cuireadh dul go dtí na pictiúir agus d'iarr sí ar Sheán teacht in éineacht léi.
Pé scéal é, chuir sí ríomhphost chuig a Mam. Dúirt sí sa ríomhphoist go raibh sí féin agus Seán ag dul go dtí na pictiúir.
Ar aon nós chuaigh an triúr acu go dtí an phictiúrlann ar ball beag, agus bhí áthas an domhain orthu.

Obair duit féin

- Now practise telling the previous story yourself and time yourself to see how long it will take you.
- Remember that you are not expected to blurt the entire story out without pausing. You should take a little break after each sentence.
- You may use your hands, shoulders, fingers, eyes, etc., to highlight what you are saying and to emphasise certain aspects of the story.
- After that, practise making up your own story and practise telling the story that you've made up.

Remember the old saying '**Practice makes Perfect**'. Well that saying is so true, because the more you practise the better you'll become. You'll also notice your confidence improving.

Worked example: Sraith pictiúr 2

Note: answers are in red

An Bhéaltriail (30 marc)
(roghnóidh an t-iarrthóir sraith pictiúr go randamach)
Féach ar an tsraith pictiúr atá roghnaithe agat. Tá nóiméad amháin agat chun staidéar agus ainilís a dhéanamh ar an tsraith pictiúr seo. Tá dhá nóiméad eile agat chun cur síos a dhéanamh ar an scéal atá sna pictiúir.

Pictiúr 1

Pictiúr 2

Pictiúr 3

Pictiúr 4

AN BHÉALTRIAIL ROGHNACH (OPTIONAL)

Hint 1
Even though some of the **text** in these **four pictures** is in the **Aimsir Láithreach** (Present Tense) it will still be possible to tell the story in the **Aimsir Chaite** (Past Tense).

Hint 2
Please note that you do not have to mention everything you see in the **four pictures**. For example, I'm not going to mention the flowers in pictures 2, 3 and 4 because they don't have anything to do with the story I'm going to tell. So you **don't have to mention** everything you see in the pictures.

Hint 3
You can mention things that don't appear in the pictures, provided they are relevant to or help the telling of the story.

Rian 29

Chuaigh Liam go dtí teach a charad, Úna, agus bhí áthas ar Úna é a fheiceáil. D'iarr Úna air teacht isteach, agus chuaigh sé isteach.

Nuair a bhí Liam sa seomra suite le hÚna dúirt sé léi go raibh dioscó an oíche sin ar a naoi a chlog. D'iarr Liam uirthi dul go dtí an dioscó leis.

'Níl mo thuismitheoirí sa bhaile,' a dúirt Úna le Liam. Bhí díomá ar Liam nuair a chuala sé an drochscéal sin, ach bhí plean aige.

Dúirt Liam le hÚna nóta a scríobh chucu agus d'iarr sé uirthi an nóta a fhágáil ar an mbord. Ansin scríobh sí an nóta agus chuaigh siad go dtí an dioscó agus bhí siad sona sásta.

Gluais

d'iarr Úna air: *Una asked him*
díomá: *disappointment*
drochscéal: *bad news*
chucu: *to them*
sona sásta: *really happy*

Obair duit féin

- Now **practise** telling the above story and **see how long it takes you**.
- After that practise making up your own story and practise telling the story you've made up.
- We include the Department of Education Sraith Pictiúr 3, Sraith Pictiúr 4 and Sraith Pictiúr 5, for you to practise.

Obair duit Féin: Sraith pictiúr 1–3

Sraith pictiúr 1

An Bhéaltriail (30 marc)
(roghnóidh an t-iarrthóir sraith pictiúr go randamach)
Féach ar an tsraith pictiúr atá roghnaithe agat. Tá nóiméad amháin agat chun staidéar agus anailís a dhéanamh ar an tsraith pictiúr seo. Tá dhá nóiméad eile agat chun cur síos a dhéanamh ar an scéal atá sna pictiúir.

Pictiúr 1

Pictiúr 2

Pictiúr 3

Pictiúr 4

Sraith pictiúr 2

An Bhéaltriail (30 marc)
(roghnóidh an t-iarrthóir sraith pictiúr go randamach)
Féach ar an tsraith pictiúr atá roghnaithe agat. Tá nóiméad amháin agat chun staidéar agus anailís a dhéanamh ar an tsraith pictiúr seo. Tá dhá nóiméad eile agat chun cur síos a dhéanamh ar an scéal atá sna pictiúir.

Sraith pictiúr 3

An Bhéaltriail (30 marc)
(roghnóidh an t-iarrthóir sraith pictiúr go randamach)
Féach ar an tsraith pictiúr atá roghnaithe agat. Tá nóiméad amháin agat chun staidéar agus anailís a dhéanamh ar an tsraith pictiúr seo. Tá dhá nóiméad eile agat chun cur síos a dhéanamh ar an scéal atá sna pictiúir.

Pictiúr 1 — AN BHFUIL AOIFE ISTIGH?

Pictiúr 2 — NÍL, CHUAIGH SÍ AMACH

Pictiúr 3 — Tá brón orm a Aoife ach ní Cheidh mé

Pictiúr 4 — TABHAIR É SIN D'AOIFE LE DO THOIL

Cuid 3: Rólghlacadh

We have already seen (p. 123) that in **Cuid 3** you have to **randomly choose one of 8 cards, dealing with four different topics**. After spending **one minute** studying and analysing your chosen card, you then have a **maximum of two minutes** in which to ask the teacher (examiner) questions about the contents of the card.

Note: We are going to provide sample answers for each of the <u>4 different topics</u> over the next few pages.

key point
Am: 3 nóiméad
Marcanna: 40 marc

exam focus
Whereas you can use the Aimsir Chaite quite often in Cuid 2, the Aimsir Láithreach (Present Tense) and the Aimsir Fháistineach (Future Tense) are the tenses most needed for Cuid 3. We include here some of the verbs that would be most needed.

Na focail cheisteacha san aimsir láithreach (present tense)

Rian 30

Cá bhfuil?	Where is it?
Cé mhéad a chosnaíonn sé?	How much does it cost?
Cén praghas (táille) atá air?	What's the price (fee)?
Cén caitheamh aimsire atá ann?	What pastimes are there?
Cé na háiseanna atá ann?	What facilities are there?
Cén sórt scoil í?	What kind of school is it?
Cén uimhir teileafóin atá aige?	What is its phone number?
Cén suíomh gréasáin atá aige?	What is its internet site?
Cad iad na himeachtaí atá ann?	What activities are there?
Cé hé/hí an rúnaí?	Who is the secretary?
Cad iad na hábhair atá ann?	What subjects are there?
Cén uair atá sé ar oscailt?	When is it open?
Cén aoisghrúpa atá i gceist?	What's the age group?
Cé na ranganna ceoil atá ann?	What music classes are there?
Cá bhfuil tuilleadh eolais le fáil?	Where can more information be found?
Cé leis a ndéanann mé teagmháil?	Who do I make contact with?
Cá ndéanann mé teagmháil?	Where do I make contact?

Na focail cheisteacha san aimsir fháistineach (future tense)

Rian 31

Cá mbeidh?	Where will (it be)?
Cé mhéad a chosnóidh sé?	How much will it cost?
Cén praghas (táille) a bheidh air?	What will the price (fee) be?
Cén caitheamh aimsire a bheidh ann?	What pastimes will there be?
Cé na háiseanna a bheidh ann?	What facilities will there be?
Cad iad na himeachtaí a bheidh ann?	What activities will there be?
Cad iad na hábhair a bheidh ann?	What subjects will there be?
Cén uair a bheidh sé ar oscailt?	When will it be open?
Cén aoisghrúpa a bheidh i gceist?	What will the age group be?
Cé na ranganna ceoil a bheidh ann?	What music classes will there be?
Cé leis a ndéanfaidh mé teaghmháil?	Who will I make contact with?
Cá ndéanfaidh mé teagmháil?	Where will I make contact?

Cuid 3: Worked examples and Obair duit féin

Rólghlacadh: Sampla 1 – Scoil

Am: 3 nóiméad
Marcanna: 40 marc
Rólghlacadh
(roghnóidh an t-iarrthóir cárta go randamach)

Scoil: Tasc a haon
Dalta (an t-iarrthóir) ag lorg eolais faoi chúrsa Gaeilge i gcoláiste samhraidh. Labhraíonn an dalta (an t-iarrthóir) leis an múinteoir Gaeilge (an scrúdaitheoir). Cumann an dalta (an t-iarrthóir) ceisteanna bunaithe ar an gcárta seo chun eolas a bhailiú faoi chúrsa Gaeilge i gcoláiste samhraidh:

COLÁISTE BHRÍDE
Gaeltacht Chiarraí

Trí chúrsa
Cúrsa A: 01/06/10 – 22/06/2010
Cúrsa B: 24/06/10 – 15/07/2010
Cúrsa C: 17/07/10 – 07/08/2010

Caitheamh Aimsire 
Spórt
Ceol
Rince
Snámh
Siúlóidí
Céilí gach oíche

Beir leat uirlisí ceoil agus feisteas spóirt
Táille €800

Teagmháil
Rúnaí – Liam Ó Sé
Teileafón – 066 34567
Suíomh gréasáin –
www.colaistebhride.ie

S = Scrúdaitheoir
D = Dálta

Freagra samplach 1 – Scoil

Rian 32

D: *Dia duit. Táim ag lorg eolais uait faoin chúrsa sa Ghaeltacht. Cén Ghaeltacht ina mbeidh an cúrsa i mbliana?*
S: The teacher/examiner answers.
D: *Go raibh maith agat. Inis dom (tell me), cé mhéad cúrsa a bheidh ann?*
S: Teacher's answer.
D: *Agus cén caitheamh aimsire a bheidh ann?*
S: Teacher's answer.
D: *Ó; togha, togha. Agus an mbeidh uirlisí ceoil agus feisteas spóirt ag teastáil uaim?*
S: Teacher's answer.
D: *Agus inis dom, cé mhéad a chosnaíonn sé?*
S: Teacher's answer.
D: *An bhfuil Coláiste Bhríde cois farraige?*
S: Teacher's answer.
D: *Cé leis a ndéanfaidh mé teagmháil?*
S: Teacher's answer.
D: *Cathain a thosóidh an chéad chúrsa?*
S: Teacher's answer.
D: *An mbeidh céilí gach oiche?*
S: Teacher's answer.
D: *Cad is ainm don rúnaí?*
S: Teacher's answer.
D: *Bhuel, go raibh míle míle maith agat, agus slán go fóill.*

Gluais

ag lorg eolais: *looking for information*	uirlisí ceoil: *musical instruments*
togha, togha: *super, super*	feisteas spóirt: *sportswear, outfits*
siúlóidí: *walks*	

Obair duit féin

- Now **practise** the above role play yourself and **time yourself** to see how long it will take you to ask the questions.
- Remember to **pause** for a while after each question to allow time for the teacher's answer.
- You may use your hands, shoulders, fingers, eyes, etc. To highlight what you are saying and to emphasise certain aspects of your questions.
- After that you should practise making up your own questions.
- Finally, you should now try to do **Scoil:** Tasc a dó which follows this.

Rólghlacadh

Scoil: Tasc a dó

An Roinn Oideachais — Rólghlacadh
Am: 3 nóiméad
Marcanna: 40 marc
Rólghlacadh
(roghnóidh an t-iarrthóir cárta go randamach)
Scoil: Tasc a dó
Dalta (an t-iarrthóir) ag lorg eolais faoi Phobalscoil Áine. Labhraíonn an dalta (an t-iarrthóir) le príomhoide na scoile (an scrúdaitheoir). Cumann an dalta (an t-iarrthóir) ceisteanna bunaithe ar an gcárta seo chun eolas a bhailiú faoi Phobalscoil Áine:

Pobalscoil Áine
Ráth Maonais
Baile Átha Cliath

Scoil Chomhoideachais
Rogha Leathan Ábhar

Imeachtaí Eile
Spórt – sacar, eitpheil, cispheil
Cluichí boird – ficheall, beiriste
Díospóireachtaí

Áiseanna
Páirceanna imeartha
Halla spóirt
Linn snámha
Saotharlanna
Lárionad Ríomhairí
Ceaintín

Teagmháil
Rúnaí – Úna de Bláca
Teileafón – 01 398754
Suíomh gréasáin –
www.pobalscoilaine.ie

Rólghlacadh

Sampla 2 – Caitheamh Aimsire

Am: 3 nóiméad
Marcanna: 40 marc
Rólghlacadh
(roghnóidh an t-iarrthóir cárta go randamach)

Caitheamh Aimsire: Tasc a dó
Dalta (an t-iarrthóir) ag lorg eolais faoi cheolchoirm. Labhraíonn an dalta (an t-iarrthóir) le gníomhaire ticéad (an scrúdaitheoir). Cumann an dalta (an t-iarrthóir) ceisteanna bunaithe ar an gcárta seo chun eolas a bhailiú faoin gceolchoirm:

---

oxegen

CEOLCHOIRM O2
Blur
DÉ HAOINE 09/10/10–12/10/10

Bannaí Ceoil Taca:

RAGE AGAINST THE MACHINE

KINGS OF LEON

THE PRODIGY

THE VERVE

LÁTHAIR CHAMPÁLA

€20 ar champáil thar oíche

Ticéid ar fáil:
Ticketmaster
Praghas – €224.50

Tuilleadh Eolais
Teileafón – 0404 98345
Suíomh gréasáin – www.feilebhailephuinse.ie
Caithfidh duine fásta a bheith le déagóirí faoi 17 mbliana

AN BHÉALTRIAIL ROGHNACH (OPTIONAL)

S = Scrúdaitheoir
D = Dálta

Freagra samplach 2 – Caitheamh Aimsire Rian 33

D: Dia duit. Cá mbeidh an cheolchoirm mhór ar siúl?
S: Teacher's answer.
D: Ó, go raibh maith agat. Agus inis dom, cathain a bheidh an cheolchoirm seo ar siúl, le do thoil.
S: Teacher's answer.
D: Cé na bannaí ceoil taca a bheidh ann?
S: Teacher's answer.
D: Togha, togha. Agus cé mhéad a chosnaíonn an láthair champála, thar oíche?
S: Teacher's answer.
D: Tá sé sin saor go leor. Ach cé mhéad a chosnóidh na ticéid, agus cá mbeidh siad ar fáil?
S: Teacher's answer.
D: Tá na ticéid sin an-daor. Cad é an grúpa is mó le rá a bheidh ann?
S: Teacher's answer.
D: Cad mar gheall ar dhéagóirí faoi seacht mbliana déag d'aois?
S: Teacher's answer.
D: Go raibh míle maith agat. Agus cá bhfuil tuilleadh eolais ar fáil, le do thoil?
S: Teacher's answer.

Gluais

le do thoil: *please*	an-daor: *very dear/expensive*
bannaí ceoil taca: *support bands*	is mó le rá: *most famous*
láthair champála: *camping site*	déagóirí: *teenagers*
thar oíche: *overnight*	tuilleadh eolais: *more information*
ar fáil: *available*	

Obair duit féin

- Now **practise** the above yourself, and time yourself doing it.
- After that you should practise making up your own questions.
- Finally, you should now attempt to do **Caitheamh Aimsire:** Tasc a hAon which follows after this.

Rólghlacadh

Caitheamh Aimsire: Tasc a haon

Am: 3 nóiméad
Marcanna: 40 marc
Rólghlacadh
(roghnóidh an t-iarrthóir cárta go randamach)

Caitheamh Aimsire Tasc a haon
Dalta (an t-iarrthóir) ag lorg eolais faoi bhallraíocht i gclub óige. Labhraíonn an dalta (an t-iarrthóir) le rúnaí an chlub óige (an scrúdaitheoir). Cumann an dalta (an t-iarrthóir) ceisteanna bunaithe ar an gcárta seo chun eolas a bhailiú faoin gclub óige:

CLUB ÓIGE
Baile na hInse

Daoine Óga idir 12 agus 16

Imeachtaí
Cluichí Páirce
Spóirt Uisce
Drámaíocht
Dioscónna
Snúcar
Beárbaiciú sa Samhradh

Ar oscailt
Gach oíche
7.00 p.m. – 10.00 p.m.

TUILLEADH EOLAIS:
Rúnaí an chlub– Cáit Ní Néill
Teileafón – 065 689324
Suíomh gréasáin – www.cluboigenahinse.i

Rólghlacadh

Sampla 3 – Laethanta Saoire

Am: 3 nóiméad
Marcanna: 40 marc
Rólghlacadh
(roghnóidh an t-iarrthóir cárta go randamach)

Laethanta Saoire: Tasc a haon
Dalta (an t-iarrthóir) ag lorg eolais faoi shaoire i Maidrid. Labhraíonn an dalta (an t-iarrthóir) le gníomhaire taistil (an scrúdaitheoir). Cumann an dalta (an t-iarrthóir) ceisteanna bunaithe ar an gcárta seo chun eolas a bhailiú faoi shaoire i Maidrid.

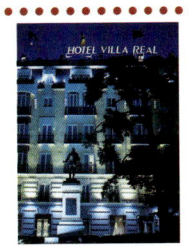

Maidrid
Saoire faoin ngrian

Óstán Villa Real
Saoire choicíse – Mí Iúil
Beirt daoine fásta agus beirt pháistí – €3000

Áiseanna
Club do naíonáin
Club do dhéagóirí
Seomra cluichí
Bialann
Teilifís satailíte
Turais eagraithe

Tabhair cuairt ar:
Tarbhchomhrac
agus
El Bernabeu

Tuilleadh eolais
Gníomhaire Taistil Uí Néill
Teileafón – 094 98345
Suíomh gréasáin – www.gniomhairetaistiluineill.ie

S = Scrúdaitheoir
D = Dálta

Freagra samplach 3 – Laethanta Saoire
Rian 34

D: *Dia duit. Táim ag lorg eolais faoi shaoire i Maidrid, an mbíonn an aimsir go maith ansin?*
S: Teacher's answer.
D: *An bhfuil ainm d'óstáin dheas agat dom, le do thoil?*
S: Teacher's answer.
D: *An féidir linn dul ar saoire choicíse, i Mí Iúil?*
S: Teacher's answer.
D: *Cé mhéad a chosnaíonn sé do bheirt daoine fásta agus beirt pháistí?*
S: Teacher's answer.
D: *Muise tá sé sin daor go leor. Agus inis dom, cad iad na háiseanna atá in Óstán Villa Real?*
S: Teacher's answer.
D: *An mbeidh seans againn cuairt a thabhairt ar El Bernabeu, mar is breá liom Real Madrid?*
S: Teacher's answer.
D: *Go raibh míle maith agat. Agus cá bhfuil tuilleadh eolais ar fáil, le do thoil?*
S: Teacher's answer.

Gluais

óstán: *hotel*	seans: *a chance*
ar saoire choicíse: *a fortnight's holiday*	is breá liom: *I love*
muise: *indeed*	cuairt a thabhairt: *to pay a visit*

Obair duit féin
- Now **practise** the above yourself, and time yourself doing it.
- After you should practise making up your own questions.
- Finally, you should now try to do **Laethanta Saoire: Tasc a Dó** which follows after this.

Rólghlacadh

Laethanta saoire: Tasc a dó

Am: 3 nóiméad
Marcanna: 40 marc
Rólghlacadh
(roghnóidh an t-iarrthóir cárta go randamach)

Laethanta Saoire: Tasc a dó
Dalta (an t-iarrthóir) ag lorg eolais faoi Láthair Champála sa cheantar. Labhraíonn an dalta (an t-iarrthóir) leis an bhfeitheoir (an scrúdaitheoir). Cumann an dalta (an t-iarrthóir) ceisteanna bunaithe ar an gcárta seo chun eolas a bhailiú faoin Láthair Champála:

LÁTHAIR CHAMPÁLA

Mín na Leice
Dún na nGall

ÁISEANNA

Óstán Ghaoth Dobhair

Iascaireacht

Turas báid — Toraigh

Bádóireacht

Dreapadóireacht — An Earagail

Siúlóid — Páirc Ghleann Bheithe

Galf

TÁILLE
Puball — €10 don oíche
Carbhán – €20 don oíche

Teagmháil
Rúnaí – Gearóid Ó Gallchóir
Teileafón – 074 34567
Suíomh gréasáin – www.campailminnaleice.ie

Rólghlacadh

Sampla 4 – Bia agus deoch

Am: 3 nóiméad
Marcanna: 40 marc
Rólghlacadh
(roghnóidh an t-iarrthóir cárta go randamach)

Bia agus Deoch: Tasc a dó
Dalta (an t-iarrthóir) ag lorg eolais faoin rogha bia agus dí sa siopa áitiúil. Labhraíonn an dalta (an t-iarrthóir) leis an siopadóir (an scrúdaitheoir). Cumann an dalta (an t-iarrthóir) ceisteanna bunaithe ar an gcárta seo chun eolas a bhailiú faoin rogha bia agus dí:

AN SIOPA ÁITIÚIL
Sráid Eoin Loch Garman

Bia
Torthaí
Glasraí
Arán
Iasc
Feoil

Deochanna
Bainne
Uisce
Mianraí

Ar oscailt seacht lá na seachtaine
9.00 a.m. – 6.00 p.m.
Déanach Dé hAoine
9.00 a.m. – 9.00 p.m.

Praghsanna Ísle
Bainne/€1.00 an lítear
Builín Aráin/90 cent
6 úll/€1.00

Teagmháil
Teileafón – 053 34567
Suíomh gréasáin – www.siopaaitiuil.com

AN BHÉALTRIAIL ROGHNACH (OPTIONAL)

S = Scrúdaitheoir
D = Dálta

Freagra samplach 4 – Bia agus deoch
Rian 35

D: *Dia duit. Táim ag lorg eolais faoin rogha bia agus dí atá i do shiopa. Cé mhéad a chosnaíonn builín aráin?*
S: Teacher's answer.
D: *Agus inis dom cén sórt glasraí atá agat sa siopa.*
S: Teacher's answer.
D: *An dtabharfaidh tú cabáiste agus prátaí dom, le do thoil?*
S: Teacher's answer.
D: *Cé mhéad a chosnaíonn buidéal bainne agus buidéal uisce?*
S: Teacher's answer.
D: *Ceart go leor, ba mhaith liom buidéal bainne, Avonmore, agus buidéal uisce, Ballygowan, a cheannach le do thoil.*
S: Teacher's answer.
D: *Ba bhreá liom sé úll a cheannach. Cé mhéad a chosnaíonn siad?*
S: Teacher's answer.
D: *Cathain a bhíonn an siopa ar oscailt?*
S: Teacher's answer.
D: *Go raibh míle maith agat. Agus conas is féidir liom teagmháil a dhéanamh leis an siopa?*

Gluais

cén sórt?: *what kind of?*	ba bhreá liom: *I'd love*
buidéal: *a bottle*	conas is féidir liom?: *how can I?*
a cheannach: *to buy*	cuairt a thabhairt: *to pay a visit*

Obair duit féin

- Now practise the above yourself, and time yourself while doing it.
- After that you should practise making up your own questions.
- And finally, you should now attempt to do the **Bia agus Deoch:** Tasc a haon which follows this.

Rólghlacadh

Bia agus deoch: Tasc a haon

Am: 3 nóiméad
Marcanna: 40 marc
An Bhéaltriail (40 marc)
Rólghlacadh
(roghnóidh an t-iarrthóir cárta go randamach)

Bia agus Deoch: Tasc a hAon
Dalta (an t-iarrthóir) ag lorg eolais faoi bhia gasta. Labhraíonn an dalta (an t-iarrthóir) le húinéir an tsiopa *Bia Gasta* (an scrúdaitheoir). Cumann an dalta (an t-iarrthóir) ceisteanna bunaithe ar an gcárta seo chun eolas a bhailiú faoi bhia gasta:

Mearbhia
Gort

Rogha Leathan
Burgair
Sceallóga
Sicín
Pizza

CEILIÚIR DO LÁ BREITHE LINN
Deochanna ar phraghsanna ísle
Mianraí: €1 an ceann
Tairiscint speisialta roimh 8.00 p.m.

AR OSCAILT
Dé Luain – Dé Domhnaigh
9.00 a.m. – 3.00 a.m.

ORDAIGH AR LÍNE
TEAGMHÁIL

Teileafón – 091 34567
Suíomh gréasáin – www.mearbhia.com

Cuid 4: Agallamh

Some helpful hints

- **Know your Question words** (p. 5) and your **Focail Cheisteacha** (p. 7).
- Learn and practise using your **Nathanna Úsaideacha** (p. 69).
- Learn answers to **frequently asked questions**.
- **Do not overuse** words such as 'sea', 'ní hea', 'tá' and 'níl'.
- Try not to give **one or two word answers**. Always attempt to **use a full sentence** or a **couple of sentences**.
- **Do not** leave any question unanswered. Say something, even if you haven't much of an idea what the question was about.
- Learn some good answers for the most **commonly asked questions** and then practise the answers.
- Ask somebody (father, mother, uncle, aunt) to give you a **mock 'agallamh'** so that you get to practise the questions and answers.

> **key point**
> **Am:** 4–5 nóiméad
> **Marcanna:** 80 marc

Ceisteanna coitianta (Common questions)

We include here a number of **ceisteanna coitianta**, some of which will be asked in the **agallamh** part of the **Oral**. A couple of these will already have been asked in **Cuid 1, Fáiltiú**, at the very beginning of the test, but we'll include them here again, in the interest of completeness, but remember they won't be asked twice in the actual Oral Test.

An dalta agus an teaghlach

Rian 36

1. Dia duit.
2. Cad is ainm duit?
3. Conas atá tú?
4. Cén aois atá tú?
5. Cén lá breithe atá agat?
6. Inis dom faoi do chlann/theaghlach.
7. Cé mhéad deartháir atá agat?
8. Cé hé an duine is sine?
9. Cé mhéad deirfiúr atá agat?
10. Cé hí an duine is sine?
11. Cad is ainm dó/di?
12. Cén aois atá sé/sí?
13. Inis dom faoi do theach/Cén sórt tí atá agaibh?
14. Cé mhéad seomra atá i do theach?

15. Cad é an seomra is fearr leatsa?
16. Cén fáth?
17. Cad iad na seomraí atá i do theach?
18. Cén troscán atá sa seomra suite?
19. An bhfuil gairdín agaibh?
20. Cad atá ag fás sa ghairdín?
21. An bhfuil peata/madra nó cat agat?
22. Cad is ainm dó?

An scoil

Rian 37

23. Cén t-ainm atá ar an scoil seo?
24. Cén chaoi a thagann tú ar scoil gach lá?
25. An dtaitníonn an scoil seo leat? Cén fáth?
26. Cén t-am a dtosaíonn an scoil gach lá?
27. Cén t-am a gcríochnaíonn an scoil gach tráthnóna?
28. Cén t-am a bhíonn lón agaibh?
29. Cad iad na háiseanna (*facilities*) atá sa scoil seo?
30. Cad iad na spóirt a imrítear sa scoil seo?
31. An imríonn tusa spórt sa scoil seo?
32. Cén spórt a imríonn tú?
33. An bhfuil tú ar fhoireann na scoile?
34. Cén dath atá ar d'éide scoile?

Laethanta saoire agus caitheamh aimsire

Rian 38

35. Inis dom faoin gcaitheamh aimsire is fearr leat.
36. Cad é an clár teilifíse is fearr leat?
37. Cén fáth a dtaitníonn sé leat?
38. Cén grúpa ceoil is fearr leat?
39. An bhfuil iPod agat? Má tá, cén sórt ceoil atá sábháilte (*saved*) agat air?
40. An raibh tú riamh ag ceolchoirm?
41. Cé a chuaigh in éineacht leat?
42. Cé mhéad a chosain an ticéad?
43. Cad a dhéanann tú nuair nach mbíonn tú ar scoil?
44. Cad a dhéanann tú ag an deireadh seachtaine?
45. Cad a rinne tú an deireadh seachtaine seo caite?
46. Cad a rinne tú an samhradh seo caite?
47. An raibh tú ar laethanta saoire?
48. Cá raibh tú ar saoire?

49. Cé a bhí in éineacht leat?
50. Cá fhad a chaith sibh san áit sin?
51. Conas a bhí an aimsir?
52. Ar thaitin an bia leat? Cad a d'ith tú ann?
53. Cad a rinne tú gach lá nuair a bhí tú ar laethanta saoire?
54. An raibh tú riamh sa Ghaeltacht?
55. Má bhí, inis dom cá raibh tú agus cad a rinne tú nuair a bhí tú sa Ghaeltacht?
- You can only be asked a small percentage of the above Ceisteanna Coitianta because the agallamh (conversation, oral test) lasts only 4–5 minutes.
- You could very well be asked questions that are not included in the above Ceisteanna Coitianta.

Obair duit féin
- Now follows 'Ceisteanna agus Freagraí Samplacha'.
- You should **learn** some of the answers and **practise** answering them.
- We provide extra vocabulary so that you can make up and practise your own answers.

Cuid 4: Ceisteanna agus freagraí samplacha

Note: answers are in red

Am: 4–5 nóiméad
Marcanna: 80 marc

S = Scrúdaitheoir
D = Dálta

An chlann

Rian 39

S: Inis dom faoi do chlann.
D: *Tá cúigear i mo chlann, Liam, m'athair, Áine, mo mháthair, Pól, mo dhearthráir, Úna, mo dheirfiúr agus mé féin.*

Gluais

duine amháin: *one person*	ochtar: *eight people*
beirt: *two people*	naonúr: *nine people*
triúr: *three people*	deichniúr: *ten people*
ceathrar: *four people*	Is mise an duine is sine/is óige
cúigear: *five people*	Is é Antoine an duine is sine/is óige
seisear: *six people*	Is í Órla an duine is sine/is óige
seachtar: *seven people*	Táim i lár na clainne: *I'm in the middle*

An cheantar

Rian 40

S: Cá bhfuil tú i do chónaí?
D: *Tá mé i mo chónaí amuigh faoin tuath in aice le Béal an Mhuirthead.*
S: Agus inis dom cén sórt áite é?
D: *Bhuel is áit dheas é. Tá seacht gcéad duine ina gcónaí ann. Tá cúpla siopa agus club óige ann. Chomh maith leis sin (as well as that) tá séipéal agus scoil ann.*

Gluais

amuigh faoin tuath: *in the country*	eastát: *estate*
m'áit dúchais: *my native place*	club óige: *youth club*
baile fearainn: *townland*	áitiúil: *local*
sráidbhaile: *village*	in aice na cathrach: *near the city*
baile mór: *town*	in aice na scoile: *near the school*
cathair: *city*	lárionad siopadóireachta: *shopping centre*
bruachbhaile: *suburb*	

An teach

Rian 41

S: Inis dom faoi do theach/Cén sórt tí atá agaibh?/Cé mhéad seomra atá i do theach?
D: *Tá teach dhá urlár againn. Tá ocht seomra sa teach: seomra bia, cistin, seomra suite, seomra folctha agus ceithre sheomra leapa.*
S: Cad é an seomra is fearr leatsa?
D: *Is fearr liom mo sheomra leapa, mar is féidir liom a bheith ag staidéar ann, agus is féidir liom a bheith ag imirt le mo iPod ansin.*
S: An ndéanann tú aon obair thart ar an teach?
D: *Bím ag staidéar go minic ach anois is arís glanaim mo sheomra agus ním na gréithe. (I wash the dishes.)*
S: An bhfuil gairdín agaibh? Má tá, cad tá ag fás sa ghairdín?
D: *Sea, tá gairdín againn agus tá crainn agus bláthanna ag fás sa ghairdín.*
S: An bhfaigheann tú aon airgead póca ó do thuismitheoirí?
D: *Sea, go deimhin (indeed), tugann siad deich euro in aghaidh na seachtaine dom.*
S: An bhfuil peata agaibh sa bhaile?
D: *Tá madra againn agus is breá liom é. Collie is ea é, agus Charlie is ainm dó.*

An scoil

Rian 42

S: Conas a thagann tú ar scoil gach lá?
D: *Siúlaim ar scoil gach lá/Tagaim ar scoil gach lá ar mo rothar/Tagaim ar scoil gach lá ar an mbus scoile/Tagaim ar scoil gach lá i ngluaisteán m'athar.*
S: Cén t-ainm atá ar an scoil seo?
D: *Pobalscoil Naomh Oilbhéar an t-ainm atá ar an scoil seo.*
S: Cén t-am a dtosaíonn an scoil seo gach lá?
D: *Tosaíonn ranganna ar a naoi a chlog gach maidin.*
S: Cén t-am a mbíonn am lóin agaibh?
D: *Bíonn am lóin againn ar leathuair tar éis a dó dhéag.*
S: Cén t-am a gcríochnaíonn ranganna gach lá?
S: *Críochnaíonn siad ar a ceathair a chlog.*
S: Cé mhéad dalta atá sa scoil?
D: *Tá ceithre chéad/cúig chéad/sé chéad/seacht gcéad/ocht gcéad dalta sa scoil seo.*
S: Conas a thaitníonn an scoil seo leat?/Cén sórt áiseanna atá sa scoil seo?
Note: The one answer will do both questions.
D: *Is aoibhinn liom an scoil seo mar gheall ar na háiseanna atá againn ann. Tá go leor leor (lots and lots) áiseanna againn sa scoil seo, ar nós, halla gleacaíochta, bialann, seomra an cheoil, agus páirc peile.*

Gluais

halla gleacaíochta: *gymnasium*
teanglann: *language laboratory*
ceardlann: *workshop*
seomra líníochta: *tech drawing room*
seomra feabhais: *special needs room*
seomra ríomhaireachta: *computer room*
seomra foirne: *staffroom*
saotharlann eolaíochta: *science laboratory*
seomra ealaíne: *art room*
seomra eacnamaíocht baile: *home economics room*

Na hábhair scoile

Rian 43

S: Cad iad na hábhair atá á ndéanamh agat?
D: *Tá mé ag déanamh ocht n-ábhar ar fad: Gaeilge, Béarla agus Matamaitic, agus chomh maith leis sin, Stair, Fraincis, Líníocht Theicniúil, Ealaín agus Eolaíocht.*
S: Agus cad é an t-ábhar is fearr leat?
D: *Bhuel, is breá liom na hábhair go léir ach is fearr liom Béarla.*
S: Cén fáth?
D: *Bhuel, tá an múinteoir go maith agus tá sé/sí go deas, agus tá Béarla spéisiúil (interesting).*

Gluais

Gaeilge: *Irish*
Béarla: *English*
Matamaitic: *Maths*
Fraincis: *French*
Spáinnis: *Spanish*
Eolaíocht: *Science*
Gearmáinis: *German*
Laidin: *Latin*
Líníocht: *Technical Drawing*
Miotalóireacht: *Metalwork*
Innealtóireacht: *Engineering*
Ríomhaireacht: *Computing*
Stair: *History*
Tíreolaíocht: *Geography*
Teagasc Críostaí: *Religion*
Adhmadóireacht: *Woodwork*
Corpoideachas: *Physical Education*
Ceol: *Music*

Teilifís agus raidió

Rian 44

S: Cad é an clár teilifíse is fearr leat?
D: *Bhuel, is breá liom 'Podge and Rodge', mar tá siad an-ghreannmhar. Chomh maith leis sin, is aoibhinn liom 'GAA Beo' ar TG4.*
S: An bhfuil iPod agat, agus má tá cén sórt ceoil atá sábháilte agat air?
D: *Tá iPod agam agus tá go leor ceoil agam air, go mór mór 'Massive Attack' agus 'Kings of Leon'.*
S: Cad a dhéanann tú ag an deireadh seachtaine?
D: *Téim amach le mo chairde go dtí an lárionad siopadóireachta, agus bím ag imirt cispheile.*

Gluais

clár teilifíse: *TV programme*	cláir cheoil: *music programmes*
clár raidió: *radio programme*	cláir ghrinn: *comedy programmes*
sraith: *series*	cláir oideachais: *educational programmes*
cláir Ghaeilge: *Irish programmes*	raidió áitiúil: *local radio*
cúrsaí spóirt: *sport*	

Na laethanta saoire   Rian 45

S: Cá raibh tú ar laethanta saoire an samhradh seo caite?

D: *Chuaigh mise agus mo chlann go dtí Malaga na Spáinne, agus bhí sé go hiontach. Bhí an aimsir go hálainn agus bhí mé ag snámh gach aon lá (every single day). Chuaigh mé go dtí an dioscó gach oíche.*

Gluais

deisceart na Spáinne: *Southern Spain*	dubh le daoine: *crowded*
eitilt: *flight*	te grianmhar: *hot and sunny*
in aice na farraige: *near the sea*	lóistín : *accommodation*
cois farraige: *by the sea*	daoine deasa cáirdiúla: *nice friendly people*
plódaithe le turasóirí: *packed with tourists*	

Spóirt éagsúla   Rian 46

S: Cad mar gheall ar (what about) spórt sa scoil seo?

D: *Bhuel tá go leor saghas spóirt sa scoil seo. Tá sacar, peil, rugbaí, cispheil, eitpheil agus cluichí eile.*

S: Cén caitheamh aimsire atá agat féin?

D: *Déanaim rudaí éagsúla. Is breá liom dul go dtí na pictiúir agus chuig an dioscó, agus is aoibhinn liom bheith ag imirt cispheile le mo chairde.*

S: Agus an imríonn tú le foireann ar bith?

D: *Sea, go deimhin (yes, indeed) bíonn mé ag imirt cispheile le foireann na scoile.*

Gluais

rugbaí: *rugby*	snámh: *swimming*
sacar: *soccer*	snúcar: *snooker*
peil Ghaelach: *Gaelic football*	galf: *golf*
iománaíocht: *hurling*	haca: *hockey*
cispheil: *basketball*	rothaíocht: *cycling*
cluiche corr: *rounders*	liathróid láimhe: *handball*
camógaíocht: *camogie*	leadóg bhoird: *table tennis*
dornálaíocht: *boxing*	leadóg: *tennis*
eitpheil: *volleyball*	

Sa Ghaeltacht

Rian 47

S: An raibh tú riamh sa Ghaeltacht?
D: 1. *Ní raibh mé sa Ghaeltacht riamh, ach ba bhreá liom dul ann uair éigin (sometime).*
2. *Bhí mé sa Ghaeltacht anuraidh (last year) agus thaitin sé go mór liom. Bhí mé san Eachléim, i gContae Mhaigh Eo, agus bhí sé ar fheabhas (excellent). Bhí céilí gach oíche agus bhí mé ag snámh gach aon lá.*

Gluais

coláiste Gaeilge: *Irish college*
cúrsa samhraidh: *summer course*
ag seinm ceoil: *playing music*
ag foghlaim Gaeilge: *learning Irish*
drámaíocht: *drama*
go leor rialacha: *lots of rules*
riail na Gaeilge: *the speaking Irish rule*
neart le hithe: *plenty to eat*
go leor cailíní/buachaillí: *lots of girls/boys*
bhris mé cúpla riail: *I broke a couple of rules*
Ní raibh cead aon Bhéarla a labhairt: *You were not allowed to speak English*
Bhí mé i mo shuí ar feadh na hoíche: *I was awake all night*

6 Freagraí

Aonad 1 – Cluastuiscint

Roinn 1

Cluastuiscint Sampla 1 2003 (p. 18)

Cuid A

An chéad chainteoir
i mBostún
Dhá bhliain d'aois
Ní maith léi scoil

An dara cainteoir
i gCathair Luimnigh
*rugbaí *iománaíocht (either will do)
Bheith ina dhochtúir

Cuid B

Fógra
1. (d)
2. (b)

Píosa nuachta
1. (b)
2. (a)

Cuid C

Comhrá 1
1. (c)
2. (b)

Comhrá 2
1. (d)
2. (b)

Cluastuiscint Sampla 2 2002 (p. 23)

Cuid A

An chéad chainteoir
i gContae na Mí
Sé bliana déag d'aois
Is maor tráchta é

An dara cainteoir
Pobalscoil áitiúil
Ní maith leis bheith ar scoil
i ngaráiste a uncail

Cuid B

Fógra
1. (b)
2. (c)

Píosa nuachta
1. (a)
2. (a)

Cuid C

Comhrá 1
1. (c)
2. (b)

Comhrá 2
1. (a)
2. (b)

Cluastuiscint Sampla 3 2000 (p. 28)

Cuid A

An chéad chainteoir
Cúig bliana déag d'aois atá sí
i mBostún
Imríonn sí galf
Galfchlub áitiúil

An dara cainteoir
i nGaoth Dobhair
Sacar
Imríonn sí é
Níos mó staidéir

Cuid B

Fógra
1. (c)
2. Ar a haon a chlog.

Píosa nuachta
1. (a)
2. (c)

Cuid C

Comhrá 1
1. (c)
2. (b)

Comhrá 2
1. (b)
2. (a)

Aonad 2 – Léamhthuiscint Ceist 1 agus 2

Roinn 2

Ceist 1 Léamhthuiscint — Meaitseáil

Sampla 1 (p. 38)

Uimhir	Litir
1	E
2	H
3	I
4	A
5	J
6	C
7	F
8	B
9	G
10	D

Sampla 2 (p. 39)

Uimhir	Litir
1	I
2	G
3	D
4	C
5	F
6	B
7	H
8	J
9	A
10	E

Sampla 3 (p. 40)

Uimhir	Litir
1	E
2	G
3	A
4	I
5	B
6	J
7	C
8	F
9	D
10	H

Sampla 4 (p. 41)

Uimhir	Litir
1	G
2	J
3	H
4	I
5	B
6	A
7	C
8	E
9	D
10	F

Sampla 5 (p. 42)

Uimhir	Litir
1	F
2	I
3	B
4	A
5	C
6	E
7	G
8	J
9	H
10	D

Sampla 6 (p. 43)

Uimhir	Litir
1	B
2	F
3	D
4	C
5	G
6	H
7	E
8	A
9	J
10	I

Ceist 2 — Na Fógraí (p. 44)

Sampla 1 (p. 48)
(i) Mar bíonn sé ina shamhradh i gcónaí **or** Mar bíonn an teocht 22°–27° gach lá. (**Either or both will do.**)
(ii) *seomra suí *oigheann leictreach *miasniteoir *balcón *dhá sheomra folctha *teilifís. (Any **two** of those six will do.)
(iii) *linn snámha *seomra teilifíse *seomra cluichí * club do dhaoine óga. (Any **two** of those four will do.)

Sampla 2 (p. 49)
(i) Baile Coimín, Co. Chill Mhantáin.
(ii) *Áiseanna bádóireachta *Áiseanna iascaigh *Marcaíocht capall. (Any **two** of those three will do.)
(iii) Teach Russborough.

Sampla 3 (p. 50)
(i) Beidh Aifreann agus beidh fáilte oifigiúil agus seisiún ceoil.
(ii) *Beidh ceardlann rince seit *Turas go Maméan *Beidh Aifreann ar Mhaméan. (Any **two** of those three will do.)
(iii) *Comórtas iascaireachta *10.00 a.m. (Both needed.)

Sampla 4 (p. 51)
(i) Seosamh Mac Donncha.
(ii) sa Chrúiscín Lán
(iii) Rince Mór an Fhómhair

Sampla 5 (p. 52)
(i) *Sonia O'Sullivan *Michelle Smith *Niall Quinn. (Any **two** of those three will do.)
(ii) *Cluiche sacair *Lanseáil fiseáin nua *Tráth na gCeist Bord. (Any **two** of those will do.)
(iii) *Seó Faisean Spóirt *I Halla na Scoile *7.30 p.m. (**Note:** All **three** required.)

Sampla 6 (p. 53)
(i) An MRBI
(ii) Trí mhí.
(iii) *Trí sheoladh soiléir a chur ar gach litir *Trí uimhir an cheantair phoist a úsáid do Bhaile Átha Cliath *Trí litreacha a chur sa phost go luath sa lá. (Any **two** of those three will do.)

Sampla 7 (p. 54)
(i) Ó HMV agus siopaí ceirníní i ngach áit.
(ii) *Hothouse Flowers *The Four of Us *Something Happens *Moving Hearts *The Stunning. (Any **two** of those will do.)
(iii) €30 euro.

Sampla 8 (p. 55)
(i) Mar tá sé ag bun Shléibhte Chill Mhantáin.
(ii) *calóga arbhair *ispíní *bagún *ubh fhriochta *tósta agus marmaláid. (Any **three** of those five will do.)

Aonad 3 – Léamhthuiscint Ceist 3: Na Sleachta

Ceist 3 — Na Sleachta (p. 56)

Sampla 1 (p. 59)
(i) As Leitir Ceanainn
(ii) Sé bliana déag d'aois
(iii) Tá sé feicthe aici naoi n-uaire is fiche. (**Note:** Naoi n-uaire is fiche would be enough.)
(iv) Mar cuireann an scannán isteach go mór uirthi.
(v) Mar go dtaitníonn Leonardo Di Caprio go mór léi.

Sampla 2 (p. 60)
(i) Bhí sé ocht mbliana déag d'aois.
(ii) *Peil *sacair. (**Note:** You need both.)
(iii) Thosaigh sé ag screadaíl le ríméad.
(iv) Bheith ina rothaí gairmiúil agus a bheith ar fhoireann mhór Eorpach.
(v) Nuair a bhí sé an-óg.

FREAGRAÍ

Sampla 3 (p. 61)
(i) *ag súgradh le bábóga *ag marcaíocht ar a capall. (**Note:** Either will do.)
(ii) Mar bhí cos an mhadra briste. *Mar cheap sé go mbeadh air an madra a chur chun báis. (**Note:** Either will do.)
(iii) Chuir sí cleithín agus bindealán ar chos an mhadra.
(iv) Go raibh obair speisialta le déanamh aici.
(v) Bhí sí ina banaltra.

Sampla 4 (p. 62)
(i) 8 Bealtaine 1935.
(ii) Mianadóir ba ea é.
(iii) Thosaigh sé ag obair thíos sa mhianach ag greamú ticéad de vaigíní guail.
(iv) (Bhí air) na leithris a ghlanadh agus buataisí na bpeileadóirí eile a shnasú.
(v) Níor tháinig éirí in airde riamh air.

Sampla 5 (p. 63)
(i) François Mitterand
(ii) in Jarnach (in oir-dheisceart na Fraince)
(iii) sna tríochaidí
(iv) Rinne sé dul chun cinn sa pholaitíocht, agus bhí sé ina aire ar ranna éagsúla rialtais deich n-uaire.
(v) Chaith sé dhá théarma mar uachtarán. (**Note:** dhá théarma would be enough.)

Sampla 6 (p. 64)
(i) *leabhair a léamh *dul chuig cluiche rugbaí. (**Note:** either will do.)
(ii) (Bhí sí) ar cuairt i dteach a carad.
(iii) Mar cheap sí nach raibh a ghnó á dhéanamh i gceart ag an réiteoir.
(iv) *Bhíodh sí i láthair ag cluichí rugbaí níos minicí ná aon duine dá cairde *rinne sí corpoideachas agus traenáil speisialta. (**Note:** Either of those two will do.)
(v) Mar tá meas mór ar Bridget ar fud na Nua-Shéalainne mar réiteoir.

Sampla 7 (p. 65)
(i) *matamaitic *eolaíocht *innealtóireacht (**Note:** any **two** will do.)
(ii) Tháinig fearg air.
(iii) *Deirtear sa sliocht gur fear mór láidir ba ea Leonardo *Bhí sé in ann crú capaill a lúbadh idir lámha féiteacha. (**Note:** Either of those two will do.)
(iv) d'oscail sé na cliabháin, agus lig sé saor iad.
(v) Go mbeadh an duine in ann eitilt.

Sampla 8 (p. 66)
(i) san India
(ii) bialann á hoscailt i nDelhi
(iii) Tá an bhó beannaithe
(iv) Tá agóidí móra ar na sráideanna á bpleanáil acu.
(v) Tá bóithre na príomhchathrach beo le beithígh agus toirmeasc ar dhaoine an ruaig a chur orthu.

Sampla 9 (p. 67)
(i) i ndeireadh an chéid seo
(ii) Bhíodh clóca dorcha ar a ghuaillí agus hata leathan dubh ar a cheann.
(ii) Bhí sé ag smaoineamh ar leabhar nua a scríobh.
(iv) An fear ait a tháinig chun dinnéir chuige oíche amháin.
(v) Mar go mbíodh an oireadh sin daoine ag titim i lagar i rith an dráma.

Sampla 10 (p. 68)
(i) i mí Bealtaine 1994
(ii) D'fhág siad an t-uisce. (Ní raibh duine ar bith le feiceáil san uisce).
(iii) *Mar ní bheadh sé sábháilte dul ag snámh *Mar ní féidir páistí a ligean ar an trá. (**Note:** either or both will do.)
(iv) Is breá leis bheith ag súgradh leo.
(v) Mar ceaptar go bhfuil breis is 100,000 cuairteoir á mealladh go dtí an Daingean cheana féin aige.

7 Na Briathra

Ba chóir duit dianstaidéar a dhéanamh ar na briathra, go mór mór na briathra neamhrialta. (You should do a complete revision of the verbs, particularly the irregular verbs.) With this in mind I am providing a brief chapter dealing only with the *aimsir chaite*, *aimsir láithreach* and *aimsir fháistineach* of the verbs.

Réimniú na mbriathra

Is féidir na briathra a roinnt ina dtrí ghrúpa, mar seo a leanas:
- *briathra sa chéad réimniú* (verbs in the first conjugation)
- *briathra sa dara réimniú* (verbs in the second conjugation)
- *briathra neamhrialta* (irregular verbs)

Briathra sa chéad réimniú (First conjugation)

Níl ach *siolla amháin* sa fhréamh ag briathra sa *chéad réimniú*. (Verbs in the *first conjugation* usually have only *one syllable* in the stem.)

An aimsir chaite (The past tense)

> **exam focus**
> Cuirtear séimhiú ar bhriathra a thosaíonn le consan. (Verbs that begin with a consonant take a séimhiú.)

Leathan — broad (a, o, u)
dhún mé *I closed*
dhún tú *you closed*
dhún sé/sí *he/she closed*
dhúnamar *we closed*
dhún sibh *you closed (plural)*
dhún siad *they closed*
bs. **dúnadh é** *it was closed**

Caol — slender (e, i)
chuir mé *I put*
chuir tú *you put*
chuir sé/sí *he/she put*
chuireamar *we put*
chuir sibh *you put (plural)*
chuir siad *they put*
bs. **cuireadh é** *it was put**

Diúltach (negative)
níor dhún mé *I didn't close, etc.*   níor chuir mé *I didn't put, etc.*

Ceisteach for asking questions
ar dhún tú? *did you close?*   ar chuir tú? *did you put?*

*bs. = *briathar saor*. Úsáidtear an briathar saor nuair nach bhfuil a fhios againn cé a dhéanann an gníomh. The *briathar saor* is used when we don't know who does the action.

An aimsir láithreach (The present tense)

Leathan — broad (a, o, u)
dúnaim *I close*
dúnann tú *you close*
dúnann sé/sí *he/she closes*
dúnaimid *we close*
dúnann sibh *you close — plural*
dúnann siad *they close*
bs. **dúntar é** *it is closed*

Caol — slender (e, i)
cuirim *I put*
cuireann tú *you put*
cuireann sé/sí *he/she puts*
cuirimid *we put*
cuireann sibh *you put — plural*
cuireann siad *they put*
bs. **cuirtear é** *it is put*

Diúltach (negative)
ní dhúnaim *I don't close*
ní dhúnann tú *you don't close*
ní dhúnann sé/sí *he/she doesn't close*
ní dhúnaimid *we don't close*
ní dhúnann sibh *you don't close — plural*
ní dhúnann siad *they don't close*
bs. **ní dhúntar é** *it isn't closed*

ní chuirim *I don't put*
ní chuireann tú *you don't put*
ní chuireann sé/sí *he/she doesn't put*
ní chuirimid *we don't put*
ní chuireann sibh *you don't put plural*
ní chuireann siad *they don't put*
bs. **ní chuirtear é** *it isn't put*

Ceisteach (for asking questions)
an ndúnann tú? *do you close?*

an gcuireann tú? *do you put?*

An aimsir fháistineach (The future tense)

Leathan — broad (a, o, u)
dúnfaidh mé *I will close*
dúnfaidh tú *you will close*
dúnfaidh sé/sí *he/she will close*
dúnfaimid *we will close*
dúnfaidh sibh *you will close — plural*
dúnfaidh siad *they will close*
bs. **dúnfar** *it will be closed*

Caol — slender (e, i)
cuirfidh mé *I will put*
cuirfidh tú *you will put*
cuirfidh sé/sí *he/she will put*
cuirfimid *we will put*
cuirfidh sibh *you will put — plural*
cuirfidh siad *they will put*
bs. **cuirfear** *it will be put*

Diúltach
ní dhúnfaidh mé *I won't close, etc.*

ní chuirfidh mé *I won't put, etc.*

Ceisteach
an ndúnfaidh tú? *will you close?*

an gcuirfidh tú? *will you put?*

NA BRIATHRA

Briathra sa dara réimniú (Second conjugation)

Bíonn níos mó ná siolla amháin sa fhréamh ag briathra sa dara réimniú. Verbs in the second conjugation have *more than one syllable* in the stem. We will use the verbs **ceannaigh** buy and **bailigh** collect or gather; the endings here can be used with other second-conjugation verbs.

An aimsir chaite (The past tense)

Leathan — broad (a, o, u)

cheannaigh mé *I bought*
cheannaigh tú *you bought*
cheannaigh sé/sí *he/she bought*
cheannaíomar *we bought*
cheannaigh sibh *you bought—plural*
cheannaigh siad *they bought*
bs. **ceannaíodh é** *it was bought*

Caol — slender (e, i)

bhailigh mé *I collected*
bhailigh tú *you collected*
bhailigh sé/sí *he/she collected*
bhailíomar *we collected*
bhailigh sibh *you collected—plural*
bhailigh siad *they collected*
bs. **bailíodh é** *it was collected*

Diúltach

níor cheannaigh mé *I didn't buy, etc.*

níor bhailigh mé *I didn't collect, etc.*

Ceisteach

ar cheannaigh tú? *did you buy?*

ar bhailigh tú? *did you collect?*

> **exam focus**
> Cuirtear d' roimh bhriathra a thosaíonn le guta nó le 'fh'. Samplaí: d'ullmhaigh mé, d'éirigh mé.

An aimsir láithreach (The present tense)

ceannaím *I buy*
ceannaíonn tú *you buy*
ceannaíonn sé/sí *he/she buys*
ceannaímid *we buy*
ceannaíonn sibh *you buy — plural*
ceannaíonn siad *they buy*
bs. **ceannaítear** *it is bought*

bailím *I collect*
bailíonn tú *you collect*
bailíonn sé/sí *he/she collects*
bailímid *we collect*
bailíonn sibh *you collect — plural*
bailíonn siad *they collect*
bs. **bailítear** *it is collected*

Diúltach

ní cheannaím *I don't buy*

ní bhailím *I don't collect*

Ceisteach

an gceannaíonn tú? *do you buy?*

an mbailíonn tú? *do you collect?*

An aimsir fháistineach (The future tense)

ceannóidh mé *I will buy*   baileoidh mé *I will collect*
ceannóidh tú *you will buy*   baileoidh tú *you will collect*
ceannóidh sé/sí *he/she will buy*   baileoidh sé/sí *he/she will collect*
ceannóimid *we will buy*   baileoimid *we will collect*
ceannóidh sibh *you will buy — plural*   baileoidh sibh *you will collect — plural*
ceannóidh siad *they will buy*   baileoidh siad *they will collect*
bs. ceannófar é *it will be bought* bs. baileofar é *it will be collected*

Diúltach

ní cheannóidh mé *I won't buy*   ní bhaileoidh mé *I won't collect*

Ceisteach

an gceannóidh tú? *will you buy?*   an mbaileoidh tú? *will you collect?*

Na briathra neamhrialta (The irregular verbs)

An aimsir chaite (The past tense)

Clois (hear)	Diúltach	Ceisteach
chuala mé *I heard*	níor chuala mé *I didn't hear*	
chuala tú		ar chuala tú? *did you hear?*
chuala sé/sí		
chualamar		
chuala sibh		
chuala siad		
bs. chualathas *it was heard*	níor chualathas	ar chualathas?

Tar (come)	Diúltach	Ceisteach
tháinig mé *I came*	níor tháinig mé *I didn't come*	
tháinig tú		ar tháinig tú? *did you come?*
tháinig sé/sí		
thángamar		
tháinig sibh		
tháinig siad		
bs. thángthas *it had come*	níor thángthas	ar thángthas?

Ith (eat)	Diúltach	Ceisteach
d'ith mé *I ate*	níor ith mé *I didn't eat*	
d'ith tú		ar ith tú? *did you eat?*
d'ith sé/sí		
d'itheamar		
d'ith sibh		
d'ith siad		
bs. itheadh *it was eaten*	níor itheadh	ar itheadh?

NA BRIATHRA

Tabhair (give)
<u>th</u>ug mé *I gave*
<u>th</u>ug tú
<u>th</u>ug sé/sí
<u>th</u>ugamar
<u>th</u>ug sibh
<u>th</u>ug siad
bs. **tugadh** *it was given*

Diúltach
níor <u>th</u>ug *I didn't give*

níor tugadh

Ceisteach

ar <u>th</u>ug tú? *did you give*

ar tugadh?

Déan (do/make)
rinne mé *I did/made*

rinne tú

rinne sé/sí
rinneamar
rinne sibh
rinne siad
bs. **rinneadh** *it was done/made*

Diúltach
ní <u>dh</u>earna mé
I didn't do/make

ní <u>dh</u>earnadh

Ceisteach

an <u>n</u>dearna tú?
did you do/make?

an ndearnadh?

Feic (see)
<u>ch</u>onaic mé *I saw*
<u>ch</u>onaic tú
<u>ch</u>onaic sé/sí
<u>ch</u>onaiceamar
<u>ch</u>onaic sibh
<u>ch</u>onaic siad
bs. <u>ch</u>onacthas *it was seen*

Diúltach
ní <u>fh</u>aca mé *I didn't see*

ní <u>fh</u>acthas

Ceisteach

an <u>bhf</u>aca tú? *did you see?*

an <u>bhf</u>acthas?

Abair (say)
dúirt mé *I said*
dúirt tú
dúirt sé/sí
dúramar
dúirt sibh
dúirt siad
bs. **dúradh** *it was said*

Diúltach
ní dúirt mé *I didn't say*

ní dúradh

Ceisteach

an <u>n</u>dúirt tú? *did you say?*

an ndúradh?

Téigh (go)	Diúltach	Ceisteach
chuaigh mé *I went*	ní **dh**eachaigh mé *I didn't go*	
chuaigh tú		an **n**deachaigh tú? *did you go?*
chuaigh sé/sí		
chuamar		
chuaigh sibh		
chuaigh siad		
bs. **ch**uathas	ní **dh**eachthas	an **n**deachthas?

Faigh (get)	Diúltach	Ceisteach
fuair mé *I got*	ní **bh**fuair mé *I didn't get*	
fuair tú		an **bh**fuair tú? *did you get?*
fuair sé/sí		
fuaireamar		
fuair sibh		
fuair siad		
bs. **fuarthas** *it was got*	ní **bh**fuarthas	an **bh**fuarthas?

Bí (be)	Diúltach	Ceisteach
bhí mé *I was*	ní raibh mé *I wasn't*	
bhí tú		an raibh tú? *were you?*
bhí sé/sí		
bhíomar		
bhí sibh		
bhí siad		
bs. **bh**íothas *it was*	ní rabhthas	an rabhthas?

Beir (catch/hold)	Diúltach	Ceisteach
rug mé *I caught*	níor rug mé *I didn't catch*	
rug tú		ar rug tú? *did you catch?*
rug sé/sí		
rugamar		
rug sibh		
rug siad		
bs. **rugadh** *was caught/born*	níor rugadh	ar rugadh?

An aimsir láithreach (The present tense)

Clois (hear)	*Diúltach*	*Ceisteach*
cloisim *I hear*	ní chloisim *I don't hear*	
cloiseann tú		an gcloiseann tú? *do you hear?*
cloiseann sé/sí		
cloisimid		
cloiseann sibh		
cloiseann siad		
bs. cloistear *it is heard*	ní chloistear	an gcloistear?

Tar (come)	*Diúltach*	*Ceisteach*
tagaim *I come*	ní thagaim *I don't come*	
tagann tú		an dtagann tú? *do you come?*
tagann sé/sí		
tagaimid		
tagann sibh		
tagann siad		
bs. tagtar *it comes*	ní thagtar	an dtagtar?

Ith (eat)	*Diúltach*	*Ceisteach*
ithim *I eat*	ní ithim *I don't eat*	
itheann tú		an itheann tú? *do you eat?*
itheann sé/sí		
ithimid		
itheann sibh		
itheann siad		
bs. itear *it is eaten*	ní itear	an itear?

Téigh (go)	*Diúltach*	*Ceisteach*
téim *I go*	ní théim *I don't go*	
téann tú		an dtéann tú? *do you go?*
téann sé/sí		
téimid		
téann sibh		
téann siad		
bs. téitear	ní théitear	an dtéitear?

Faigh (get)	*Diúltach*	*Ceisteach*
faighim *I get*	ní fhaighim *I don't get*	
faigheann tú		an bhfaigheann tú? *do you get?*
faigheann sé/sí		
faighimid		
faigheann sibh		
faigheann siad		
bs. faightear *it is got*	ní fhaightear	an bhfaightear?

Bí (be)
tá mé/táim *I am*
tá tú
tá sé/sí
táimid
tá sibh
tá siad
bs. **táthar** *it is*

Diúltach
nílim *I'm not*
níl tú
níl sé/sí
nílimid
níl sibh
níl siad
níltear *it isn't*

Ceisteach
an **bh**fuil tú? *are you?*

an **bh**fuiltear? *is it?*

Beir (catch/hold)
beirim *I catch*
beireann tú
beireann sé/sí
beirimid
beireann sibh
beireann siad
bs. **beirtear** *it is caught*

Diúltach
ní **bh**eirim *I don't catch*

ní **bh**eirtear

Ceisteach

an **m**beireann tú? *do you catch?*

an **m**beirtear?

An aimsir fháistineach (The future tense)

Clois (hear)
cloisfidh mé *I will hear*
cloisfidh tú
cloisfidh sé/sí
cloisfimid
cloisfidh sibh
cloisfidh siad
bs. **cloisfear** *it will be heard*

Diúltach
ní **ch**loisfidh mé *I won't hear*

ní **ch**loisfear

Ceisteach

an **g**cloisfidh tú?

an **g**cloisfear?

Tar (come)
tiocfaidh mé *I will come*
tiocfaidh tú
tiocfaidh sé/sí
tiocfaimid
tiocfaidh sibh
tiocfaidh siad
bs. **tiocfar** *it will come*

Diúltach
ní **th**iocfaidh mé *I won't come*

ní **th**iocfar

Ceisteach

an **dt**iocfaidh tú?

an **dt**iocfar?

NA BRIATHRA

Ith (eat)	*Diúltach*	*Ceisteach*
íosfaidh mé *I will eat*	ní íosfaidh mé *I won't eat*	
íosfaidh tú		an íosfaidh tú?
íosfaidh sé/sí		
íosfaimid		
íosfaidh sibh		
íosfaidh siad		
bs. íosfar *it will be eaten*	ní íosfar	an íosfar?
Tabhair (give)	*Diúltach*	*Ceisteach*
tabharfaidh mé *I will give*	ní thabharfaidh mé *I won't give*	
tabharfaidh tú		an dtabharfaidh tú? *Will you give?*
tabharfaidh sé/sí		
tabharfaimid		
tabharfaidh sibh		
tabharfaidh siad		
bs. tabharfar *it will be given*	ní thabharfar	an dtabharfar?
Déan (do/make)	*Diúltach*	*Ceisteach*
déanfaidh mé *I will do/make*	ní dhéanfaidh mé *I won't do/make*	
déanfaidh tú		an ndéanfaidh tú? *Will you do/make?*
déanfaidh sé/sí		
déanfaimid		
déanfaidh sibh		
déanfaidh siad		
bs. déanfar *it will be done/made*	ní dhéanfar	an ndéanfar?
Feic (see)	*Diúltach*	*Ceisteach*
feicfidh mé *I will see*	ní fheicfidh mé *I won't see*	
feicfidh tú		an bhfeicfidh tú?
feicfidh sé/sí		
feicfimid		
feicfidh sibh		
feicfidh siad		
bs. feicfear *it will be seen*	ní fheicfear	an bhfeicfear?

Abair (say) | *Diúltach* | *Ceisteach*
déarfaidh mé *I will say* | ní déarfaidh mé *I won't say* |
déarfaidh tú | | an ndéarfaidh tú? *Will you say?*
déarfaidh sé/sí | |
déarfaimid | |
déarfaidh sibh | |
déarfaidh siad | |
bs. déarfar *it will be said* | ní déarfar | an ndéarfar?

Téigh (go) | *Diúltach* | *Ceisteach*
rachaidh mé *I will go* | ní rachaidh mé *I won't go* |
rachaidh tú | | an rachaidh tú? *Will you go?*
rachaidh sé/sí | |
rachaimid | |
rachaidh sibh | |
rachaidh siad | |
bs. rachfar | ní rachfar | an rachfar?

Faigh (get) | *Diúltach* | *Ceisteach*
gheobhaidh mé *I will get* | ní bhfaighidh mé *I won't get* |
gheobhaidh tú | | an bhfaighidh tú? *Will you get?*
gheobhaidh sé/sí | |
gheobhaimid | |
gheobhaidh sibh | |
gheobhaidh siad | |
bs. gheofar *it will be got* | ní bhfaighfear | an bhfaighfear?

Bí (be) | *Diúltach* | *Ceisteach*
beidh mé *I will be* | ní bheidh mé *I won't be* |
beidh tú | | an mbeidh tú? *Will you be?*
beidh sé/sí | |
beimid | |
beidh sibh | |
beidh siad | |
bs. beifear *it will be* | ní bheifear | an mbeifear?

Beir (catch/hold)

	Diúltach	Ceisteach
béarfaidh mé *I will catch*	**ní bhéarfaidh mé** *I won't catch*	
béarfaidh tú		**an mbéarfaidh tú?** *Will you catch?*
béarfaidh sé/sí		
béarfaimid		
béarfaidh sibh		
béarfaidh siad		
bs. **béarfar** *it will be caught*	**ní bhéarfar**	**an mbéarfar?**

Admhálacha

Ba mhaith leis na foilsitheoirí a mbuíochas a ghabháil leis na heagraíochtaí agus leis na daoine seo a leanas as cead a thabhairt dóibh ábhar atá faoi chóipcheart a atáirgeadh:

'An bhanaltra agus an madra' from *Mná as an nGnáth* by Áine Ní Ghlinn and 'Bram Stoker, athair Dracula' from *Zozimus agus a Chairde* by Vivian Uíbh Eachach reprinted by kind permission of An Gúm (Foras na Gaeilge). 'Leonardo agus na héin' from *Tír na Nóg*. 'Jack Charlton: Cén sórt duine é?' published by *Mahogany Gaspipe*.

As cead grianghraif a atáirgeadh tá na foilsitheoirí buíoch de:

© Alamy: 59, 73, 76; © Corbis: 67; © Getty Images: 61, 63, 74, 75, 98, 100, 105; © Inpho: 60, 62; © Rex Features: 57, 58; © Science Photo Library: 65; Courtesy of McDonald's: 66.

Beidh na foilsitheoirí sásta socruithe cuí a dhéanamh le haon sealbhóir cóipchirt nach raibh fáil air a dhéanann teagmháil leo tar éis fhoilsiú an leabhair.